예이츠 시 번역 총서 5

나선계단과 기타 시편들

한국예이츠학회

건국대학교출판부

예이츠 시 번역 총서 5

나선계단과 기타 시편들

1판 1쇄 찍은날 | 2008년 10월 25일
1판 1쇄 펴낸날 | 2008년 10월 30일

지은이 | 한국예이츠학회
펴낸이 | 오 명

책임편집 | 박명희
찍은곳 | 한국컴퓨터인쇄정보사

펴낸곳 | 건국대학교출판부
등록 | 제 4-3 호(1971. 6. 21)
주소 | 143-701, 서울시 광진구 화양동 1번지
전화 | (02) 450-3891～3
팩스 | (02) 457-7202
홈페이지 | http://press.konkuk.ac.kr
e-mail | press@konkuk.ac.kr

정가 | 11,000원

ISBN 978-89-7107-501-2 04840
ISBN 978-89-7107-426-8 (세트)

이 도서의 국립중앙도서관 출판시도서목록(CIP)은 e-CIP 홈페이지(http://www.nl.go.kr/cip.php)에서 이용하실 수 있습니다.(CIP제어번호: CIP2008003086)

나선계단과 기타 시편들

예이츠 시 번역 총서 \ 5
:
한국예이츠학회

The Winding Stairs and Other Poems

편 저 자

구 자 광(고려대)
김 주 성(단국대)
서 혜 숙(건국대)
윤 기 호(충북대)
이 세 순(중앙대)
허 현 숙(건국대)
김 영 민(동국대)
김 철 수(경북대)
신 원 철(강원대)
윤 일 환(부산대)
이 영 석(한양대)
홍 성 숙(청주대)
(이상 가나다 순)

머리말

예이츠의 『나선계단과 기타 시편들』(*The Winding Stairs and Other Poems*)은 맥밀란 출판사(Macmillan Co. Ltd.)에서 1961년 출판한 『예이츠의 시 전집』(*Collected Poems of W. B. Yeats*) 중에서 같은 제목으로 실려 있는 작품들을 모두 번역하여 싣고 있다.

원래 『나선계단과 기타 시편들』은 1929년 뉴욕의 파운틴 출판사(the Fountain Press)에서 『나선계단』(*The Winding Stairs*)이라는 제목으로 출판되었던 것에 『어쩌면 노랫말로』(*Words for Music Perhaps*)에 속한 시 작품들을 더하여 1933년 새롭게 출판된 것으로 알려지고 있다. 이 시집의 제목으로도 삼고 있는 '나선계단'은 예이츠가 한동안 거주했었던 투르 발릴리(Thoor Ballylee)의 나선계단을 떠올린다. 그런데 예이츠는 그 친숙한 소재에 상징성을 부여하고 있다. 그것은 그의 인성과 역사의 내면적 운동의 과정을 형상화하는 최적의 상징인 가이어(gyre)와 같은 것으로서 달의 순환 주기와 맞물려 형성된다고 그가 파악한 인격과 역사의 순환 구조를 의미하기도 하는 것이다. 이 시집에 실린 많은 작품들이 이러한 예이츠의 관념을 형상화하고 있다.

뿐만 아니라 예이츠가 젊은 시절부터 천착해 왔던 나이 드는 것의 의미, 기억 속에 떠오르는 과거의 어떤 시점에 대한 강렬한 시간의식 역시 이 시집에서 일관되게 다뤄지고 있는 주제이다. 특히 젊은 시절의 그와 우정을 나누었던 사람들, 가령 고어-부쓰 자매, 레이디 그레고리 등이 시적 경험의 구체성을 드러내는 매개물로 등장하여 인간 삶에 대한 시인의 혜안으로 새롭게 각인되기도 한다. 물론 시인이 초기 시 작품들에서부터 형상화해 왔던 상반된 것들 사이의 갈등이나 서로 판이하게 다른 성격들의 조화로운 결합이 이 시집에서도 여전히 다뤄지고 있어서 젊음과 늙음, 현실과 이상, 삶과 예술 등의 예이츠 시 작품의 주요 주제는 이 시집에서도 역시 시적 경험의 중요한 일부를 이루고 있다.

이 시집에서 간과할 수 없는 작품들은 미친 제인을 화자로 등장시키고 있는 미친 제인 연작시이다. 이 연작시는 당대 아일랜드의 시골에서 그리 흔치않게 만날 수 있었던 미친 여성에 주목하여 예이츠가 창조한 그의 시적 화자이다. 상원의원을 지낸 바 있고 노벨문학상을 받은 당대의 최고 시인의 명예를 누리고 있던 남성 시인이 왜 이런 미친 여성을 화자로 등장시키고 있는가는 일반 독자들로서도 자못 흥미로운 의문일 수 있겠다. 이에 대한 답은 시 작품들에 일관되게 관통하고 있는 제인의 주장을 통해 드러날 것이다.

김소월의 시 작품들을 통해 예이츠의 시 작품들의 영향을 살펴볼 수 있을 정도로 예이츠는 우리나라 시인들에게 적지 않은 영향을 끼친 바 있다. 즉 예이츠의 낭만적 서정시 작품들이 우리나라의 일반 독자들이 기억하고 있는 예이츠의 대표 작품인 것이다. 그런데 예이츠의 작품은 단지 낭만적 서정시에 국한하지 않는다. 그는 극적인 형식과 고도의 이해력을 요구하는 상징을 통해 형이상학적 주세를 형상화한다. 이로써 그는 낭만주의부터 모더니즘에 이르기까지 다양한 시 세계를 형성하는 독특한 시력의 시인으로 평가받는 것이다.

이 번역 시집을 통해 예이츠의 다양한 시 세계의 한 면이 드러날 것이다. 그리하여 우리나라 시단에 예이츠의 서정적인 특징뿐만 아니라 그의 극적 형식의 상징시들이 보다 더 많이 읽히고 우리 시의 영역을 확대하는 데 일조할 수 있기를 바란다.

시 작품을 번역하는 일은 흔히 거론되듯이 그 작품을 반역하는 일이기도 하다. 특히 예이츠의 시를 번역하는 것은 반역의 수준을 넘어서 훼손에 가까울 수 있다할 만큼 자못 조심스럽게 해야 할 작업이다. 그만큼 그의 작품을 우리말로 옮기는 것이 어렵다는 의미일 터이다. 그럼에도 불구하고 예이츠의 시 작품들은 그 독특한 언어 형식과 그것이 담아내고 있는 시인 자신의 유연하고도 깊은 사고의 형상화를 통해 우리에게 가르치는 바가 많다. 이런 맥락에서 한국예이츠학회가 심혈을 기울여 펴내고 있는 예이츠 번역 시집이 보다 더 많은 우리나라 독자들에게 닿아서 예이츠의 다양한 시 세계가 더 많이 향유될 수 있기를 기대한다.

번역에 참여하신 우리 학회의 회원 선생님들에게 감사한 마음을 전한다. 특히 이 번역 시집을 꾸미느라 수고한 편집위원장 윤일환 교수와 교정과 기타 필요한 여러 일들에 희생을 마다하지 않은 부회장 신원철 교수, 총무 구자광 교수, 그리고 기꺼이 출판을 맡아주신 건국대학교출판부에 깊은 감사의 마음을 전한다.

2008. 6.

한국예이츠학회 회장 허현숙

c o n t e n t s

시집 『나선계단과 기타 시편들』 *The Winding Stairs and Other Poems* (1933)

시집 『**어쩌면 노랫말로**』
WORDS FOR MUSIC PERHAPS

시집 『젊었을 때와 늙었을 때의 여자』 *A WOMAN YOUNG AND OLD*

□ 시집 □

『나선계단과 기타 시편들』

The Winding Stairs and Other Poems (1933)

IN MEMORY OF EVA GORE-BOOTH AND CON MARKIEWICZ[1)]

The light of evening, Lissadell,[2)]
Great windows open to the south,
Two girls in silk kimonos, both
Beautiful, one a gazelle.[3)]
But a raving autumn shears
Blossom from the summer's wreath;[4)]
The older is condemned to death,
Pardoned, drags out lonely years
Conspiring among the ignorant.[5)]
I know not what the younger dreams[6)] —
Some vague Utopia — and she seems,
When withered old and skeleton-gaunt,
An image of such politics.

---

1) Eva Gore-Booth(1870~1926)와 Con(stance) Markiewicz(1868~1927)는 아일랜드의 독립운동에 헌신했던 미모의 자매들. 파리에서 미술을 공부했던 언니 콘스탄스는 1900년 폴란드 출신의 화가 마키에비츠 백작과 결혼하였다.
2) Lissadell: 1832년에 조지 왕조 시대풍으로 축조된 저택으로 고어-부쓰 자매가 살던 슬라이고에 있는 집. 1894년 예이츠는 이 자매늘을 이 저댁에서 처음 만난 이후 각별한 친구관계를 유지했었다.
3) one a gazelle: 하나는 영양(羚羊). 예이츠는 동생 이버 고어-부쓰의 곱고 섬세한 자태를 한 마리 영양에 비유하고 있다. 그는 한때 이버에게 구혼할 마음까지 먹고 있었다고 한다.

이버 고어-부쓰와 콘 마키에비츠[1])를 추모하며

이세순

저녁 햇살, 리사델,[2])
남쪽으로 열린 큰 창문들,
비단 기모노 차림의 두 아가씨들, 둘 다
아름답고, 하나는 영양(羚羊).[3])
그러나 광란의 가을은
여름의 화관에서 꽃을 잘라낸다.[4])
언니는 사형선고를 받고
사면되어, 무식쟁이들 틈에서
음모를 꾸미며 쓸쓸한 세월을 보낸다.[5])
동생은 무슨 꿈을 꾸는지[6]) 모르겠다 —
어떤 막연한 이상향일까 — 그녀는
늙어서 쇠약하고 뼈만 앙상하게 여월 때의
그런 정치판의 표상인 것 같다.

---

4) a raving autumn shears / Blossom from the summer's wreath: 광란의 가을은 / 여름의 화관에서 꽃을 잘라낸다. 여기서 "광란의 가을"이란 아일랜드의 독립투쟁과 내란이 휘몰아치던 당시의 극도로 혼란스럽고 참혹한 상황을 말하며, 이러한 정치상황에 휘말려 고어-부쓰 자매가 그들의 아름답고 순결한 모습을 상실하게 되었음을 의미한다.

5) The older ... the ignorant: 언니 콘스탄스 마키에비츠는 1916년 부활절 봉기를 주도하여 사형선고를 받았으나, 종신형으로 감형되었다가 1917년에 사면되었다. 이후 그녀는 아일랜드 공화국 하원(Dail Eireann)의 의원과 노동 장관을 지내면서, 1927년 사망할 때까지 가족과 떨어져 쓸쓸히 살면서 아일랜드의 독립과 빈민구제를 위해 헌신하였다.

6) what the younger dreams: 동생 이버 고어-부쓰는 신비문학을 공부하였고, 인도철학과 신 플라톤 철학에 심취해 있었다.

Many a time I think to seek
One or the other out and speak
Of that old Georgian mansion, mix
Pictures of the mind, recall
That table and the talk of youth,
Two girls in silk kimonos, both
Beautiful, one a gazelle.

Dear shadows,[7] now you know it all,
All the folly of a fight
With a common wrong or right.
The innocent and the beautiful
Have no enemy but time;[8]
Arise and bid me strike a match
And strike another till time catch;[9]
Should the conflagration climb,
Run till all the sages know.
We the great gazebo built,
They convicted us of guilt;[10]
Bid me strike a match and blow.

October 1927

---

7) Dear shadows: 친애하는 환영들이여. 이제는 모두 세상을 떠난 고이-부쓰 두 자매의 혼령들에게 하는 말.

8) 제24-25행: 아름답고 순결한 여성들이 거칠고 험악한 정치 현장에 뛰어들어 그들의 참모습을 잃은 것이지만, 결국 그들의 아름다운 모습을 해치고 삶을 비참하게 만든 것은 세월의 흐름이었다는 의미.

나는 수차 이 둘 중 하나를 찾아서
그 오래된 조지왕조 시대풍의 저택에 대하여
얘기하고, 마음에 떠오르는 모습들을 섞어서
회상을 해보고자 한다,
그 탁자와 젊은 시절의 이야기를,
둘 다 아름답고 하나는 영양 같았던,
비단 기모노 차림의 두 아가씨들을.

친애하는 환영(幻影)들이여,[7] 이제 그대들은
통속적인 시시비비를 두고
다투는 온갖 어리석음을 다 아시리라.
순결한 사람과 아름다운 사람에게는
세월 말고는 적이 없다오.[8]
일어나 내게 명하시라, 성냥을 그으라고,
세월에 불이 붙을 때까지[9] 거푸 그으라고.
만일 큰 불이 타오르면,
모든 현자들이 알 때까지 달리시라.
우리는 큰 누각(樓閣)을 세웠고,
그들은 우리에게 유죄를 선고했으니,[10]
내게 명하시라, 성냥을 그어 불을 붙이라고.

1927년 12월

---

9) till time catch (fire): 세월에 불이 붙을 때까지. 온 세상을 혼란에 빠뜨리고 선량한 사람들을 흉하게 변모시키는 세월을 불살라 없애고, 옛날같이 평온하고 낭만적인 시대를 누리고 싶은 심정의 토로.

10) 제30-31행: 숭고한 목적을 가지고 국민을 규합하여 아일랜드의 독립운동에 헌신하였음에도 불구하고, 노선을 달리하는 무리들로부터는 비난을 면치 못했었다는 사실을 시사한다.

《해설》

이 시는 아일랜드의 열혈 독립운동가였던 고어-부쓰 자매의 죽음을 애도한 이중 만가이다. 예이츠는 1894년 슬라이고에 있는 리사델 저택에서 이들을 처음 만났는데, 그는 이들의 고결한 성품과 빼어난 미모를 흠모하는 가운데 오랜 동안 각별한 우정을 나눴다.

두 자매 중 언니인 콘스탄스는 미술학도로서 파리에서 그림 공부를 하였고, 1900년에 폴란드 출신의 화가 마키에비츠 백작과 결혼하여 더블린에 정착하였다. 콘스탄스는 1908년 이후 빈민구제와 아일랜드 독립운동에 몰두한 나머지, 결혼 이듬해에 태어난 딸 메이브(Maeve)를 완전히 친정에 맡겨 양육하여 1921년에 모녀가 상봉했을 때 딸은 어머니를 알아보지 못할 정도였다. 1916년에는 부활절 봉기를 주도한 혐의로 사형선고를 받고 투옥되었고, 종신형으로 감형되었다가 1917년에 석방되었다.

예이츠는 「부활절 봉기」("Easter 1916")와 「한 정치범에 대하여」("On a Political Prisoner")에서 콘스탄스의 어제와 오늘의 변모된 모습을 지극히 안타까운 심정으로 읊었다. 한편, 이 시에서 예이츠는 리사델에서 고어-부쓰 자매와 함께했던 아름다운 옛 추억을 되살리며, 젊은 시절의 아름답고 고결했던 그들의 삶과 추악하고 험한 정치 현장에서 모든 것을 잃어버린 현재의 모습을 대비하며 그들의 죽음을 애도하고 옛 시절을 그리워한다.

고어-부쓰 자매(1890년대 초)
(출처: R. F. Foster. *W. B. Yeats: A Life I: The Apprentice Mage 1965~1914*. Oxford UP. 1997. Plate 14)

이 시의 첫 연에는 석양 무렵 유난히 큰 창문들이 많은 리사델 저택에서 보여주었던 고어-부쓰 자매의 생전의 아름다운 자태가 눈앞에 보이는 듯 묘사되고, 이어서 이들이 모진 세월을 만나

고어-부쓰 가족의 집,
슬라이고 지방의
리사델(Lissadell) 저택
(출처: Micheál Mac Liammóir and Eavan Boland. *W. B. Yeats*. Thames and Hudson. 1998. p. 87)

어떻게 변해 갔는지가 극적 현재로 생생하게 나타나 있다. 콘스탄스는 1917년에 석방된 후로도 "무식한 무리" 속에서 계속 독립투쟁과 빈민구제 활동에 헌신하다가 비참하게 생을 마감하였고, 아일랜드의 "막연한 이상향"을 꿈꾸다가 흉하게 늙고 쇠약한 이버의 말년의 모습은 바로 극도로 피폐한 정치판의 표상이다. 그리고 이 두 자매의 이런 모습은 역시 예이츠의 권고를 물리치고 정치와 빈민구제 활동에 몰두했던 모드 곤의 노년의 이미지를 상기시킨다.

첫 연의 후반부에서 시인은 이런 현실적인 슬픈 변화를 목격하면서 몇 번이고 추억 속에 화석처럼 머물러 있는 고어-부쓰 자매를 떠올린다. 그는 1916년 7월 23일자 이버에게 보낸 편지에 "당신과 당신의 언니 두 사람을 리사델의 큰 나무들 사이에서 보았던 그 아름다운 모습은 내 젊은 시절의 귀중한 기억 중의 하나입니다."라고 쓴 적이 있다.

둘째 연에서 예이츠는 죽어서 혜안을 지닌 영혼이 된 두 사람은 이제 시끄러운 인간세상을 초연했으리라 여기면서, 온 세상을 정치적 혼란에 빠뜨린 세월이 결국 그들의 아름다움을 훼손하고 그들의 삶을 비참하게 만든 것이라고 생각한다. 그래서 그는 그들이 이룩한 성과마저도 폄하하는 잔혹한 세월을 불살라 없애버리고, 평화롭고 낭만적인 삶을 누릴 수 있는 시대로 돌아갈 수 있도록 불을 당기라 명해달라고 혜안의 두 영령들에게 거듭 간청한다.

DEATH[1]

Nor dread nor hope attend
A dying animal;
A man awaits his end
Dreading and hoping all;[2]
Many times he died,
Many times rose again.[3]
A great man in his pride
Confronting murderous men
Casts derision upon
Supersession of breath;[4]
He knows death to the bone[5] —
Man has created death.[6]

September 1927

---

1) 신생 아일랜드 공화국의 부통령이자 법무장관이었던 케빈 오히긴즈(Kevin O'Higgins: 1892~1927)의 암살 소식을 접하고 지은 시. 그는 긍지가 강한 위대한 지성인으로 자신을 죽이려는 자객들 앞에서도 의연한 태도를 잃지 않았으며, 오히려 "자객들을 용서한다."는 말을 남기고 숨을 거두었다.

2) 제1-4행: 동물과 인간이 죽음을 대하는 대조적인 태도가 단적으로 잘 묘사되어 있다.

3) 제5-6행: 예이츠가 믿고 있는 윤회사상의 피력으로, 이에 대한 그의 신념은 「모히니 채터지」("Mohini Chatterjee"), 「노년의 다툼」("Quarrel in Old Age"), 「벤불벤 산기슭에서」("Under Ben Bulben") 등의 시에도 나타나 있다.

죽 음[1]

이세순

죽어가는 동물에게는
두려움도 희망도 없다.
사람은 모든 것을 두려워하고 희망하며
그의 종말을 기다린다.[2]
사람은 여러 번 죽었다가
여러 번 다시 일어났다.[3]
긍지 있는 한 위인이
살인자들과 맞서서
목숨을 끊어놓는 것에
조소를 던진다.[4]
그는 죽음을 골수까지 안다[5] —
인간이 죽음을 창조하였다.[6]

1927년 9월

4) 제7-10행: 그의 목숨을 노리는 자객들 앞에서도 당당하고 의연했던 오히긴즈의 모습이 극적 현재로 잘 묘사되어 있다.

5) 오히긴즈는 자신이 하는 일 때문에 언제라도 목숨을 빼앗기게 될 것임을 잘 알고 있었다. 그는 그의 부인에게 "누구든지 내가 한 일을 행한 자는 살기를 기대할 수가 없소."라고 한 적이 있다(*L* 809).

6) Man has created death: 인간이 죽음을 창조하였다. 『탑』(*The Tower*), Ⅲ, ll. 28-29 참조.

《해설》

이 시는 예이츠가 평소에 존경한 가까운 친구이자 아일랜드의 위대한 정치지도자였던 케빈 오히긴즈의 참담한 죽음을 계기로 쓴 단시이다. 그는 1927년 8월 10일 미사를 보러 가던 중 더블린 근교에서 자객들에게 암살되었다. 그러나 예이츠는 이 시에서 그의 죽음을 사적인 감정 차원을 넘어서, 적까지도 포용하면서 민족의 통합과 자주독립을 위해 헌신한 그의 위대성과 자신을 살해하려는 테러분자들 앞에서조차도 죽음을 두려워하지 않고 의연했던 그의 긍지를 되새긴다.

UCD(University College, Dublin) 출신의 변호사였던 오히긴즈는 신생공화국 정부에서 법무장관과 부통령을 지냈다. 당시 아일랜드는 독립을 반대하는 얼스터(Ulster)와 대립하는 상황에서, 정부군과 반영(反英) 지하조직인 I. R. A.(Irish Republican Army), 구교도와 신교도, 지주계급과 무산계급 사이에 복잡하게 얽힌 내란 상태에 있었다. 이런 와중에 1922년 말 신생공화국의 상원이 출범되었는데, 반군세력은 모든 상원의원들을 발견 즉시 죽이겠다고 협박하였다. 예이츠는 이 당시를 회상하면서, 외출하는 것은 목숨을 거는 행위였다고 술회한 적이 있다.

오히긴즈는 정직하고 관대한 마음을 가진 정치인으로서 두려움 없이 할말은 하고 옳다고 여기는 일은 무슨 희생을 치르더라도 행동으로 옮긴 인물이었다. 따라서 비록 정치적 견해가 다소 다르기는 했어도, 예이츠는 그의 고매한 성품과 긍지를 높이 평가하고 그를 아일랜드의 전통을 이은 조지 버클리(George Berkeley: 1685~1753)라든가 에드먼드 버크(Edmund Burke: 1729~1797) 등과 같은 반열에 올려놓았다.

이 시의 첫머리에서 예이츠는 동물과는 달리 인간은 두려움과 희망을 가지고 종말을 기다린다고 말한다. 이것은 인간은 죽음을 두려워하

현대 아일랜드의 부상(浮上)에 주역을 맡았던 하원의원들과 자리를 함께한 케빈 오히긴즈(셋째 줄 맨 오른쪽, 1919. 4. 10.)

(출처: David Pierce. *Yeats's Worlds: Ireland, England and the Poetic Imagination*. New Haven: Yale UP. 1995. p. 216.

면서도 내생에 대한 희망을 지니고 그 죽음을 맞이한다는 말이다. 이러한 믿음은 바로 "사람은 여러 번 죽었다가 / 여러 번 다시 일어났다."는 윤회사상을 천명한 다음 구절에서 확고하게 나타난다(「벤불벤 산기슭에서」의 제Ⅱ부 참조).

그러나 폭력적인 죽음을 당한다면 그 어느 누구도 내생에 대한 희망으로 죽음에 초연할 수가 없겠지만, 오히긴즈 같은 긍지 있는 위인이라면 모든 것에 초연하고 죽음에까지 조소를 보낼 수 있을 것이다. 그의 모든 언행은 죽음을 각오한 것이어서 늘 죽음의 그림자를 밟고 다녔기에, 그로서는 새삼스럽게 죽음을 두려워할 이유가 전혀 없었을 것이다. 마지막 구절은 죽음이 인간이 만들어 낸 것에 불과한 것이므로, 그것이 그의 신념을 영원히 꺾을 수는 없음을 시사한다.

A DIALOGUE OF SELF AND SOUL

I

My Soul

I summon to the winding ancient stair;
Set all your mind upon the steep ascent,
Upon the broken crumbling battlement,
Upon the breathless starlit air,
Upon the star that marks the hidden pole;
Fix every wandering thought upon
That quarter where all thought is done:
Who can distinguish darkness from the soul?

My Self

The consecrated blade upon my knees
Is Sato's ancient blade still as it was,
Still razor-keen, still like a looking-glass
Unspotted by the centuries;
That flowering, silken old embroidery, torn
From some court-lady's dress and round
The wooden scabbard bound and wound,
Can, tattered, still protect, faded adorn.

자아와 영혼의 대화

서혜숙

I

나의 영혼
　고대의 나선계단으로 나와
　그대 온 정신을 집중하시게. 저 가파른 계단에,
　저 부서져 무너져 내리는 총안(銃眼)에,
　바람 한 점 없이 별이 빛나는 밤에,
　보이지 않는 극점을 가리키는 저 별에,
　방황하는 모든 생각들을
　모든 생각이 다한 지점에 고정시키게.
　누가 어둠과 내 영혼을 구별할 수 있겠는가?

나의 자아
　내 무릎 위에 놓인 신성한 검은
　사토의 옛 검, 아직 옛날 그대로일세.
　여전히 예리하고, 여전히 거울 같고,
　수세기가 지나도 흠이 없네.
　꽃무늬가 수놓인 낡은 비단천은
　어느 궁중 여인의 옷에서 찢어낸 것,
　나무 칼집에 감겨 묶여 있어,
　색이 낡고 올이 헤져도 여전히 감싸고 있네.

My Soul

Why should the imagination of a man
Long past his prime remember things that are
Emblematical of love and war?
Think of ancestral night that can,
If but imagination scorn the earth
And intellect its wandering
To this and that and t'other thing,
Deliver from the crime of death and birth.

My Self

Montashigi,[1] third of his family, fashioned it
Five hundred years ago, about it lie
Flowers from I know not what embroidery—
Heart's purple—and all these I set
For emblems of the day against the tower
Emblematical of the night,
And claim as by a soldier's right
A charter to commit the crime once more.

My Soul

Such fullness in that quarter overflows
And falls into basin of the mind[2]

---

1) Montashigi: 15세기 초 오사후네에 살았던 검을 만든 사람.
2) the basin of the mind: 『비전』 285쪽에서 "갈릴레오식 상징에 의하면 대야에 물

나의 영혼
　인생의 전성기를 한참 지난 뒤에도
　사랑과 전쟁을 표상하는 일들을
　왜 인간의 상상력은 기억해야 하는가?
　만일 상상력이 이 세상의 일들을 경멸하고
　지성이 이곳저곳, 그리고
　또 다른 곳으로 방황한다면
　죽음과 탄생의 죄에서 벗어날 수 있는
　선조의 그 밤을 생각하시게.

나의 자아
　몬타쉬기[1] 3대손이 그 검을 벼렸지.
　500년 진에, 그 검 옆에는
　내력을 모르는 수놓은 꽃무늬가 있네.
　나는 심홍색 꽃무늬와 이 모든 것들을
　그 밤을 표상하는
　이 탑과 대치해서 낮의 상징으로 삼으려네.
　그리고 군인의 권리처럼 주장하려네.
　다시 한 번 그 죄를 범할 특권을 주십사고.

나의 영혼
　그 영역에는 그런 충만함이 넘쳐흘러
　마음의 웅덩이로 흘러드니[2]

을 부으면, 넘쳐흐르기 직전 순간적으로 움직임이 정지된다."고 썼다.

That man is stricken deaf and dumb and blind.
For intellect no longer knows
Is from the Ought, or knower from the known—[3)]
That is to say, ascends to Heaven;
Only the dead can be forgiven;[4)]
But when I think of that my tongue's a stone.[5)]

II

My Self
A living man is blind and drinks his drop.
What matter if the ditches are impure?
What matter if I live it all once more?
Endure that toil of growing up;
The ignominy of boyhood the distress
Of boyhood changing into man;
The unfinished man and his pain
Brought face to face with his own clumsiness;

The finished man among his enemies?
How in the name of Heaven can he escape

---

3) Is from the Ought, or Knower from the Known: 예이츠는 『비전』에서 인간의 네 가지 기능을 의지(Will), 마스크(Mask), 창조적 정신(Creative Mind), 운명체(Body of Fate)로 분류하고 있다. 다시 말해 욕망과 그 대상, 지성과 그 대상으로 말이다. 여기서 영혼은 윤회의 굴레 너머의 상태 즉 인간의 네 가지 기능이 더 이상 서로 서로를 구별할 수 없는 상태를 이야기한다. 개인의 격정·증오·망상을 소

그런 사람은 귀도 입도 눈도 막힌다네.
지성은 더 이상 구별하지 않기 때문이지.
욕망과 그 대상을 아니면 주체와 객체를[3)]
말하자면, 천국에 오르는 셈이지.
단지 감각을 넘어선 자만이 용서받을 수 있지.[4)]
그러나 그것을 생각하면 내 혀는 돌덩이가 된다네.[5)]

II

나의 자아

산 자는 눈이 멀어 자기가 내놓은 오물을 먹지.
그 도랑이 더러운들 어떠하리?
내 기꺼이 다시 한 번 산들 어떠하리?
성장에 따른 고통,
소년시절의 치욕,
어른으로 변해가는 소년의 그 비통,
성숙하지 못한 남자 그리고 그의 얼빠진 행동과
마주해야 하는 자신의 고통을 참아내야 한대도.

적에 에워싸인 훌륭한 사람—
하늘에 걸고 어떻게 그가

멸시켜 번뇌의 근원을 없애고, 끝없는 인간의 윤회에서 해탈하는 일인 니르바나(열반)를 말한다.

4) Only the dead can be forgiven: 모든 감정과 분별지를 넘어서는 일은 인간적인 면에서 보면 죽음을 의미하기도 한다.

5) my tongue's a stone: 여기서 영혼은 인간의 언어로 형언할 수 없는 신성한 신비로움에 이르렀으므로 침묵한다.

That defiling and disfigured shape
The mirror of malicious eyes
Casts upon his eyes until at last
He thinks that shape must be his shape?
And what's the good of an escape
If honor find him in the wintry blast?

I am content to live it all again
And yet again, if it be life to pitch
Into the frog-spawn of a blind man's ditch,
A blind man battering blind men;
Or into that most fecund ditch of all,
The folly that man does
Or must suffer, if he woos
A proud woman not kindred of his soul.

I am content to follow to its source
Every event in action or in thought;
Measure the lot forgive myself the lot!
When such as I cast out remorse
So great a sweetness flows into the breast
We must laugh and we must sing,
We are blest by everything,
Everything we look upon is blest.

심술궂은 눈의 거울에 비친
그 더렵혀지고 추해진 자신의 모습에서 도망칠 수 있을까?
결국 그 모습이 틀림없이 자신이라고 생각할 때까지.
그리고 명예가 겨울의 돌풍 속에서 그를 찾는다고 한들
도망치는 이로움이 무엇이란 말인가?

나는 기꺼이 다시 태어나도 만족하네.
여전히 다시 태어나도 만족하네. 삶이 곤두박질한대도
장님이 장님들을 구타하는
개구리 알이 우글거리는 장님의 도랑 속으로,
아니면 엄청난 다산의 도랑 속으로,
한 남자가 자신의 영혼과 인연 없는 거만한 여인에게
구애하는 어리석음을 범하고
그로 인해 고통스럽다 해도.

행동이나 사상에서 일어난 모든 사건을
나는 기꺼이 그 근원을 따르는 데 만족하네.
운명을 재어 보게, 내게서 운명을 면하게.
나 같은 자도 회한을 버리고 간다면
기막힌 환희가 가슴으로 흘러들어
우리는 웃고 노래해야만 하네.
우리는 온갖 것에서 축복받고
우리가 바라보는 온갖 것들은 축복이라네.

《해설》

다니엘 올브라이트(Daniel Albright)가 편집한 예이츠의 주석을 따르면, 이 시는 전통적으로 앤드류 마블(Andrew Marvell)의 「영혼과 육체의 대화」("A Dialogue Between the Soul and the Body")를 따르고 있지만, 예이츠는 육체와 영혼을 의인화시키지는 않고, 주관성을 나타내는 자아(the Self)와 객관성을 나타내는 영혼(the Soul)의 경쟁을 그린다. 이 시에서 예이츠는 자신이 쓴 『비전』(*A Vision*)의 구조를 성공적으로 구사하고 있다. 이 시는 가이어 형태의 시이다. 이 시의 서두에 영혼은 가장 강력한 에너지를 나타내는 지점에 있고, 반면에 가장 약한 지점에 있다. 그러나 이 시가 진행되면서 영혼은 점차 자신과 에너지를 잃어가지만, 이 시의 말미에서 자아는 꾸준히 힘을 얻어 최고 지점에 이른다.

자아와 영혼의 주변을 둘러싸고 있는 복잡한 이미지나 테마들은 일부 니체로부터 나온 것이다. 1902년 예이츠가 니체를 처음 읽고, 그 책의 여백에 다음과 같이 적어 놓았다. "밤(소크라테스, 예수): 유일한 신 — 지성을 탐색하는 정신을 지향하는 영혼의 자아 거부. 낮(호머): 많은 신들 — 자아의 긍정, 정신에서 방향을 바꾼 영혼이 삶을 추구할 때 영혼의 마스크나 도구." 이 메모에서 예이츠는 영혼 대신에 정신이란 용어를 사용하고, 영혼은 인간 존재의 전체성을 의미했다.

이 시의 원래 제목은 「검과 탑」("Sword and Tower")이다. 시인은 오랫동안 병을 앓고, 더 이상 글을 쓰지 말라는 의사의 권고를 받기 바로 전날, 1928년 봄에 이 시를 완성했고, 다음과 같은 주석을 붙였다. "나는 탑에 대한 새로운 시 「검과 탑」을 쓰고 있는데, 삶으로부터 해방보다는 재생을 선택한 시이다. 나는 일본의 검과 그것을 싼 비단 천을 나의 삶의 상징으로 삼았다."

그러나 독자들은 시인이 삶의 상징으로 삼은 검과 그 검을 싸고 있는 수놓은 비단 천이 의미하는 바를 터득하고 왜 시인이 다시 삶을 선택하는지를 이해해야만 이 시의 진면목을 알 수 있다. 이 시에서 자아와 영혼은 삶과 죽음을 의미하는 상반되는 가치로 설정되어 있는 듯하지만, 끝없는 윤회의 근원인 이원적인 갈등을 모두 넘어서는 순간 영혼과 자아는 결코 둘이 아니다. 그러므로 이 시의 제Ⅱ부에서는 자아만이 남아 현재의 삶을 적극 긍정하고 수용하여, 삶이 온통 축복에 싸여 있음을 깨닫게 된다. 이 시는 일본 무사들의 삶과 예술의 배경인 선불교의 이해를 필요로 한다. 이미 예이츠가 1915, 1916년경에 일본의 선불교에 대해서 깊은 이해가 있었음은 잘 알려져 있다.

라팔로(Rapallo)에서 한때의 휴식
고가티(Gogarty)는 예이츠에게 "수염은 병들었다는 것을 잊지 못하게 하니, 당장 면도하라"고 했다. 그러나 예이츠는 수염 기르는 것을 좋아했음이 분명하다.
(출처: Brenda Maddox. *George's Ghosts*. Picador. 1999)

BLOOD AND THE MOON

I

Bleesed be this place,
More blessed still this tower;
A bloody, arrogant power
Rose out of the race
Uttering, mastering it,
Rose like these walls from these
Storm-beaten cottages—
In mockery I have set
A powerful emblem up,
And sing it rhyme upon rhyme
In mockery of a time
Half dead at the top.

II

Alexandria's was a beacon tower, and Babylon's
An image of the moving heavens, a log-book of the sun's
journey and the moon's;
And Shelley had his towers, thought's crowned powers he
called them once.

피와 달

이영석

I

이곳에 축복이 내리게 하소서,
이 탑에 더 많은 축복이,
그리고 피에 젖은, 당당한 힘이
시간을 서두르고 극복하여
시간을 이기고 일어나서,
폭풍을 견딘 이 오두막집들의 벽처럼
일어섰고 —
비웃음 속에 나는 세웠지,
강력한 상징 하나를,
그리고 그것에게 노래를 짓는 거야,
한 줄 한 줄 운을 맞추어
시간의 비웃음 속에,
탑 꼭대기는 삶과 죽음의 영역으로 두고.

II

알렉산드리아의 탑은 뱃길을 지키는 탑이었고, 바빌론의 탑은
해와 달의 운행을 기록한, 움직이는 천체의 이미지이고,
셸리는, 한때 사상의 절정이라 부른 자신의 탑이 있었지.

I declare this tower is my symbol; I declare
This winding, gyring, spiring treadmill of a stair is my
ancestral stair;
That Goldsmith and the Dean, Berkeley and Burke have
travelled there.

Swift beating on his breast in sibylline frenzy blind
Because the heart in his blood-sodden breast had dragged
him down into mankind,
Goldsmith deliberately sipping at the honey-pot of his mind,

And haughtier-headed Burke that proved the State a tree,
That this unconquerable labyrinth of the birds, century
after century,
Cast but dead leaves to mathematical equality;

And God-appointed Berkeley that proved all things a dream,
That this pragmatical, preposterous pig of a world, its
farrow that so solid seem,
Must vanish on the instant if the mind but change its theme;

Saeva Indignatio[1)] and the labourer's hire,
The strength that gives our blood and state magnanimity of
its own desire;
Everything that is not God consumed with intellectual fire.

나는 이 탑을 나의 상징이라 선언한다. 굽이굽이 돌아 오르는
이 계단은
나의 조상의 계단이라 선언한다.
골드스미드와 스위프트, 버클리와 버크가 이 계단을 올랐지.
스위프트는 눈먼 마법사의 격정으로 자신의 가슴을 쳤지,
왜냐하면 그의 피에 젖은 가슴속의
심장이 그 자신을 인간에게 끌어당겼기에,
그리고 골드스미드는 의도적으로 자신의 마음의
꿀 항아리를 홀짝거렸고,
더 거만한 버크는 국가란 나무와 같다고 증명하고,
이 정복할 수 없는 미로 같은 새들은, 수세기 동안,
수학적 등식에 낙엽만 뿌렸지.
그리고 신이 내린 버클리는 모든 것은 꿈이라 증명하고,
이 실용주의적, 돼지우리 같은 세상과, 그렇게 절친해 보이는
한배속의 새끼들은,
마음 한번 변하면 순식간에 사라지겠지.
싸에바 인디그나티오[1] 그리고 노동의 대가,
우리의 피로 얻는 국가를 관용하는 힘,
신의 영역이 아닌 모든 것은 지적 열정으로 소모되었지.

1) Saeva Indignatio=Savage indignation

III

The purity of the unclouded moon
Has flung its arrowy shaft upon the floor.
Seven centuries have passed and it is pure,
The blood of innocence has left no stain.
There, on blood-saturated ground, have stood
Soldier, assassin, executioner.
Whether for daily pittance or in blind fear
Or out of abstract hatred, and shed blood,
But could not cast a single jet thereon.
Odour of blood on the ancestral stair!
And we that have shed none must gather there
And clamour in drunken frenzy for the moon.

IV

Upon the dusty, glittering windows cling,
And seem to cling upon the moonlit skies,
Tortoiseshell butterflies, peacock butterflies,
A couple of night-moths are on the wing.
Is every modern nation like the tower,
Half dead at the top? No matter what I said,
For wisdom is the property of the dead,

III

구름 걷혀 맑은 달은
바닥에 화살을 뿌린다.
700년이 지나도 달은 순수하고,
순수한 피는 자국을 남기지 않는 법.
거기, 피 흥건한 바닥에, 섰었지,
군인이, 암살자가, 사형집행인이,
보잘것없는 하루 수당을 위해 아니면 그냥 두려워서,
아니면 막연한 증오심으로, 피를 흘렸지.
그러나 거기서 조금치도 움직일 수 없었어.
아, 조싱의 계단에 피 냄새!
그리고 피 한 방울 흘리지 않은 우리 거기 모여
술에 취해 달을 향해 주정을 부리네.

IV

먼지 뿌연, 금빛 창문에,
아니 달빛 어린 하늘에
거북등 나비들, 공작나비들이 붙어 있고,
밤 나방 한 쌍이 허공에 날고 있다.
모든 나라는 이 탑과 같은가?
꼭대기를 삶과 죽음의 중간 영역으로 남겨 둔. 내가 무엇을 말하건,
지혜는 죽은 자의 것이니,

A something incompatible with life; and power,
Like everything that has the stain of blood,
A property of the living; but no stain
Can come upon the visage of the moon
When it has looked in glory from a cloud.

《해설》

이 시는 1927년 8월에 쓰여서 1928년 봄 『망명』(*The Exile*)지에 게재되었다. 이 시는 예이츠가 구입한 투르 발릴리(Thoor Ballylee) 탑과 그 주변의 오두막집들을 묘사하고 있다. 탑의 꼭대기에는 빈 방 하나가 있었다.

투르 발릴
(출처: Catherine Fah
Yeats and his Ci
National Library Irelar

인생과 공존할 수 없는 어떤 것, 그리고 힘은,
핏자국을 지닌 모든 것처럼,
산 자의 것. 그러나 달의 모습에는 어떤 자국도
남지 않아, 힘이 구름 덮인 영광 속에서 바라보면.

OIL AND BLOOD

In tombs of gold and lapis lazuli
Bodies of holy men and women exude
Miraculous oil, odour of violet.

But under heavy loads of trampled clay
Lie bodies of the vampires full of blood;
Their shrouds are bloody and their lips are wet.

《해설》

이 시는 예이츠가 1933년에 발표한 시집 『나선계단과 기타 시편들』(*The Winding Stairs and Other Poems*)에 다섯 번째로 배치된 시이다.

이 시의 의미는 이 시 바로 앞에 배치된 「피와 달」("Blood and the Moon")의 주제의 연장선상에서 생각할 수 있을 것이다. 달이 영적 해방, 신성한 비전, 그리고 천상의 빛을 상징한다면 피는 죽음, 생명의 에너지, 끔찍한 인간의 현실을 암시한다. 이 시에서는 앞 시에서의 피와 달에 관해 대응하는 대립물(parallel oppositions)로 '향유'(Oil)와 '피'(Blood)가 등장한다.

향유와 피

유배균

금과 청금석으로 만든 무덤 안에서
신성한 남자와 여자들의 시체들이
신비한 향유, 바이올렛 꽃의 향기를 발산시킨다.

그러나 잘 다져진 무거운 진흙더미 아래에
피를 가득 머금은 흡혈귀의 시체들이 누워 있다.
그들이 입은 수의는 유혈이 낭자하고 그들의 입술은 젖어 있다.

'향유'(Oil)를 노래한 첫 연은 금, 청금석, 성인들의 시체 향유 등을 등장시켜 신성함과 고귀함 그리고 신비한 분위기를 조성시키지만, 두 번째 연은 진흙, 흡혈귀, 피가 낭자한 수의를 그려 천하고 끔찍하고 등골이 오싹해지는 장면을 연출하고 있다.

그러나 신성함과 고귀함의 장에서는 향기뿐이지만 천하고 무시무시한 장에서는 오히려 생명의 원동력이 느껴지는 것이 이 시의 아이러니라고 할 수 있겠다.

VERONICA'S NAPKIN

The Heavenly Circuit; Berenice's Hair;
Tent-pole of Eden; the tent's drapery;
Symbolical glory of the earth and air!
The Father and His angelic hierarchy
That made the magnitude and glory there
Stood in the circuit of a needle's eye.

Some found a different pole, and where it stood
A pattern on a napkin dipped in blood.

《해설》

이 시는 예이츠가 1933년에 발표한 시집 『나선계단과 기타 시편들』의 초반부에 수록된 시이다.

이 시가 실린 시집의 제목인 '나선계단'(The Winding Stairs)은 이 작은 시의 의미를 이해하는 데 중요한 단서를 제공해 준다. 이 시가 나선계단의 시각적 이미지를 절제되었지만 상징성이 가득한 언어들을 이용하여 그리고 있기 때문이다. 나선계단은 기둥을 중심으로 빙글빙글 돌아가는 계단이며, 이는 후기 예이츠의 지적・영적인 추구를 상징하기도 하지만 또 한편으로는 점점 노쇠해져 가는 시인 자신의 성적인 욕구의 반영으로 볼 수도 있다.

베로니카의 냅킨

유배균

빙글빙글 돌아가는 천상, 베러나이시즈의 별자리
에덴의 텐트 기둥, 텐트의 천
땅과 하늘의 상징적인 영광이여!
거기에 웅장함과 영광을 창조한
하나님 아버지와 그의 천사들이
빙글빙글 돌아가는 바늘구멍에 도열해 있다.

어떤 이들은 다른 기둥을 발견했다,
그곳에는 피로 적신 냅킨 위에 머금은 형상을 담고 있다.

우선 이 시 첫줄의 중심적인 이미지는 원이다. 첫 번째 줄의 시어("The Heavenly Circuit")의 선택을 통해 이 시에서 가장 크게 회전하는 원의 이미지를 창출하려는 예이츠의 의도를 엿볼 수 있다. 그다음에 베러나이시즈라는 별자리를 배치했는데 이는 천체가 회전하면 천체보다는 작은 원을 그리면서 회전함을 알 수 있다. 물론 굳이 베러나이시즈라는 별자리를 선택한 것은 자신을 위해 가까운 사람들을 서슴지 않고 죽였던 이집트의 베러나이시즈 여왕의 이름에 내포되어 있는 피의 이미지에 대한 암시 때문이며, 마지막 연에 나오는 남을 위해 흘린 예수님의 피와 대조를 이루기 위한 의도로 해석될 수 있다. 그다음 줄부터 마지막 줄까지 잘 살펴보면 4개의 원이 묘사되고 있다.

둘째 줄에는 에덴의 텐트 기둥과 텐트의 천 이야기가 나오고 그다음은 지구에 대한 언급, 그리고 마지막 줄에는 바늘구멍이 차례로 등장한다. 이들은 각각 크기가 다른 원의 이미지를 갖고 있어 마치 나선계단을 위에서 바라본 듯이 원이 빙글빙글 돌아가는 모습을 형상화한다.

그러면 첫 연의 네 번째와 다섯 번째 줄의 지구에 영광을 창조한 하나님 아버지와 그의 천사에 대한 언급은 무엇을 의미하는가? 이의 답은 예이츠가 의도적으로 선택한 “천사의 서열”(angelic hierarchy)에 있다. ‘hierarchy’란 서열이란 뜻으로 하나님의 심부름을 하는 천사들이 갖고 있는 9단계의 계급을 의미한다. 즉 하나님을 최고로 할 때 제1천사(Seraphim)부터 말단 천사(Angels)까지 서열이 있다는 말이다. 마지막 줄에 이들이 바늘구멍에 서있다는 표현이 나오는데 이는 하나님이 계시는 하늘 즉 천체부터 지구의 바늘구멍까지 이들이 서열대로 서 있는 형상이 될 것이다.

이와 같은 첫 연의 이미지를 종합해 보면, 큰 원부터 가장 작은 원까지 빙글빙글 돌아가는 모습과 그 원 한가운데를 관통하여 하나님부터 9명의 천사들이 하늘에서부터 지구까지 수직으로 서 있는 형상을 상상할 수 있다. 다시 말하면 여러 개의 원과 그 가운데를 기둥으로 관통시킨 나선계단의 모습을 위에서 포착한 거라는 말이다. 여러 개의 원과 그 가운데를 관통하는 기둥의 이미지는 성적인 은유를 연상시킨다. 죽음으로 점점 가까워져 가는 말년 예이츠의 성적인 욕구가 반영된 듯하다.

두 번째이자 마지막 연의 두 줄은 “다른 기둥”(a different pole)을 등장시켜 세상에는 또 다른 원(위에서 보았을 때)이 있으며, 이 원에는 예수님이 피 흘리실 때 피를 닦아 준 베로니카의 냅킨에 담긴 예수님의 형상이 묻혀 있다는 암시를 준다. 이는 짧지만 위의 여섯 줄을 충분히 지탱할 만한 힘과 무게가 느껴지는데 이는 인류를 위한 희생의 상징인 십자가에 담긴 상징성 때문일 것이다.

마지막으로 이 시에 등장하는 모든 원들의 연대를 살펴보면 고대 이집트부터 구약, 신약의 순으로 배치했음을 알 수 있다. 큰 원에서 작은 원으로 회전을 하면서 과거에서 현재로의 움직임은 인류 역사의 진행을 생각나게 하며, 이는 예이츠가 『비전』에서 상세하게 서술한 가이어(gyre) 이론을 충실하게 재현하려는 의도도 내포하고 있는 것으로 판단된다.

투르 발릴리 탑 내부의 유명한 나선계단
(출처: R. F. Foster. *W. B. Yeats: A Life, II. The Arch-Poet, 1915~1939.* London: Oxford University Press. 2003. Plate 6.)

SPILT MILK

WE that have done and thought,
That have thought and done,
Must ramble, and thin out
Like milk spilt on a stone.

《해설》

1930년 11월 8일에 쓰여진 이 시는 사실주의 작가들이(literalists) 만연하는 시대에 상징과 이미지를 중요시 여기던 작가들은 이제 시대의 흐름 속에서 바위에 엎질러진 우유처럼 사라져 없어질 수밖에 없음을 "must"라는 시어를 통해 아이러니컬하게 표현하고 있다.

더블린의 옛 애비극장 모습
(출처: Micheál Mac Liammóir and Eavan Boland. *W. B. Yeats*. Thames and Hudson. 1998. p. 68)

엎지른 우유

신현호

행동하고 생각하며
생각하고 행동해 온 우리는
이리저리 거닐다
바위에 엎질러진 우유처럼
엷게 사라져 가야 한다.

1930년경 애비극장 단원들과 함께한 예이츠
뒷줄 왼쪽부터 세라 리차즈(Shelah Richards), 레녹스 로빈슨(Lennox Robinson), M. J. 돌란(M. J. Dolan), F. J. 맥코믹(F. J. McCormick), 데니스 오디어(Denis O'Dea), 아더 쉴즈(Arthur Shields), 프레드 존슨(Fred Johnson), P. J. 캐롤란(P. J. Carolan). 앞줄 왼쪽부터 모린 델라니(Maureen Delany), W. B. 예이츠(W. B. Yeats), 메이 크레이그(May Craig), 에일린 크로(Eileen Crowe), 확인불가, 확인불가, 배리 피츠제럴드(Barry Fitzgerald).
(출처: Catherine Fahy. *W. B. Yeats and his Circle*. The National Library Ireland. 1989. p. 43)

THE NINETEENTH CENTURY AND AFTER

THOUGH the great song return no more
There's keen delight in what we have:
The rattle of pebbles on the shore
Under the receding wave.

《해설》

1929년 1월과 3월 2일 사이에 쓰여진 것으로 추정되는 이 시는 마지막 위대한 시의 전성시대인 19세기가 끝났음을 우려하는 작가의 심정이 담겨 있다. 지금 우리에게 남겨진 것은 시대의 흐름 속에서 아직 사라지지 않고 남아 있는 것들을 즐기는 일이다.

19세기와 그 이후

신현호

훌륭한 노래는 더 이상 다시 돌아오지 않지만
우리들이 가지고 있는 것에도 강렬한 기쁨을 주는 것이 있다.
물러가는 파도 아래
해안가 조약돌들의 구르는 소리.

윌리엄 버틀러 예이츠
(출처: Catherine Fahy. *W. B. Yeats and his Circle*. The National Library Ireland. 1989. p. 55)

STATISTICS

'THOSE Platonists are a curse,' he said,
'God's fire upon the wane,
A diagram hung there instead,
More women born than men.'

윌리엄 버틀러 예이츠
(출처: Catherine Fahy. *W. B. Yeats and his Circle*. The National Library Ireland. 1989. p. 55)

통 계

신현호

"그 플라톤 학파 사람들은 저주"라고 그는 말했다.
"약해지기 시작한 신의 불빛,
대신 그곳에 내걸린 통계 도표에는
남자보다 여자가 더 많이 태어난다."

《해설》

이 시는 1931년에 쓰여졌다. 플라톤주의자들은 인간의 문명을 추상적 이론 체계나 단순한 도식이나 수 개념으로 바꿔 놓았다. 인간적 특성이 결여된 추상적 이론 체계는 마치 남녀의 불균형과 같은 것이다. 진정한 삶과 예술은 지성과 감성의 결합에 의해 형성되는 것으로 예이츠는 추상적 원리의 창출보다 추상적 원리에 실체를 부여하는 창조성이 더 가치 있음을 암시하고 있다.

THREE MOVEMENTS

SHAKESPEAREAN fish swam the sea, far away from land;
Romantic fish swam in nets coming to the hand;
What are all those fish that lie gasping on the strand?

농담을 하고 있는 1930년대의 예이츠
(출처: Brenda Maddox. *George's Ghosts*. Picador. 1999)

세 개의 움직임

신현호

셰익스피어 물고기는 땅으로부터 멀리 떨어진 바다에서 헤엄쳤다
낭만주의 물고기는 손길이 닿는 그물에서 헤엄쳤다
바닷가에 누워 헐떡거리는 물고기들은 무엇인가?

《해설》

1932년 1월 20일 쓴 자신의 일기에 예이츠는 "셰익스피어가 가졌던 열정은 바다에서 뛰노는 큰 물고기였으나 괴테 이후부터 낭만주의 운동이 끝나는 시기까지 물고기는 어망에 걸려 그곳에서 헤엄쳤으며 그 물고기도 곧 바닷가 해안에서 죽게 될 것"이라고 적고 있다. 문학과 그림과 조각 작품에서 상상력은 셰익스피어 이후 서서히 침몰하고 있다고 예이츠는 말한다.

셰익스피어는 1564년부터 1616년까지 살았으며 낭만주의 운동은 18세기 말에 시작되어 19세기까지 지속되었다. 예이츠는 자신을 '마지막 낭만주의자'(the last romantics)라 묘사한다. 예술의 흐름이 사실주의로 흘러가는 것에 대해 예이츠는 안타깝게 생각하고 있다.

THE SEVEN SAGES

The First. My great-grandfather spoke to Edmund Burke[1)]
In Grattan's[2)] house.

The Second. My great-grandfather shared
A pot-house bench with Oliver Goldsmith[3)] once.

The Third. My great-grandfather's father talked of music,
Drank tar-water with the Bishop of Cloyne.[4)]

The Fourth. But mine saw Stella[5)] once.

The Fifth. Whence came our thought?

The Sixth. From four great minds that hated Whiggery.

The Fifth. Burke was a Whig.

---

1) 에드먼드 버크(Edmund Burke; 1729~1797): 18세기 유명한 정치사상가로서 그의 유려한 웅변과 저술로 한때 휘그당의 고위직을 차지했다. 그는 17세기 이래 아일랜드에서 정식 시민권이 주어지지 않았던 가톨릭교도들의 인권 보장과 가톨릭의 해방을 의회에서 주장했다.

2) 헨리 그라탄(Henry Grattan; 1746~1820): 아일랜드 하원의원으로 18세기 후반 아일랜드 의회의 입법권을 주장했다. 버크는 그라탄이 주장하는 의회란 아일랜드 신교가 지배하고 아일랜드 가톨릭은 그에 부수적인 기존의 전통을 고수하게 될 뿐, 모든 아일랜드 국민의 정부가 되지 못할 것이라고 믿어 아일랜드 의회 설립에 반대했다.

3) 올리버 골드스미스(Oliver Goldsmith; 1728~1774): 유머와 풍자로 높이 평가되는 『웨이크필드의 목사』(*The Vicar of Wakefield*)의 저자이다.

7인의 현자들

김구슬

첫 번째. 나의 증조부는 그라탄[2]의 집에서
에드먼드 버크[1]에게 말을 걸었다.

두 번째. 나의 증조부는 올리버 골드스미스[3]와
선술집에서 한 의자에 앉은 적이 있었다.

세 번째. 나의 고조부는 음악에 대해 이야기하면서,
클로인의 주교[4]와 타르워터를 마셨다.

네 번째. 하지만 나의 증조부의 아버지는 스텔라[5]를 한 번
본 적이 있었다.

다섯 번째. 우리의 생각은 어디에서 왔는가?

여섯 번째. 휘그주의를 싫어했던 네 명의 위대한 정신에서 왔다.

다섯 번째. 버크는 휘그당원이었다.

---

4) 조지 버클리(George Berkeley; 1685~1753): 더블린의 트리니티 칼리지를 졸업한 후 이 대학의 연구원이 되었으며, 영국 고전경험론을 대표하는 철학자로 꼽힌다. 1734년에 아일랜드 클로인의 주교로 임명되었다. 1740년대 초 아일랜드는 기근과 전염병에 시달렸으며, 버클리의 교구에는 의사도 없었다. 그는 이곳에서 환자들을 치료하기 위한 최선의 요법으로 파인 타르와 물을 섞은 타르워터를 개발하여 환자를 치료하는 일에 몰두했으며, 이에 관한 시와 저술을 내기도 했다.

5) 조나단 스위프트(Jonathan Swift: 1667~1745); 아일랜드의 목사, 풍자가, 수필가이자 시인이었으며, 소설 『걸리버 여행기』(*Gulliver's Travels*)의 저자이기도 하다. 스텔라는 스위프트의 연인이자 그와 비밀 결혼을 한 것으로 알려진 에스더 스위프트(Esther Swift)로서 스위프트는 에스더와 그녀의 친구에게 쓴 편지들을 모아 『스텔라에게 보내는 편지』(*The Journal to Stella*)라는 제목의 책을 출판하기도 했다.

The Sixth.   Whether they knew or not,
  Goldsmith and Burke, Swift and the Bishop of Cloyne
  All hated Whiggery; but what is Whiggery?
  A levelling, rancorous, rational sort of mind
  That never looked out of the eye of a saint
  Or out of drunkard's eye.

The Seventh. All's Whiggery now,
  But we old men are massed against the world.

The First.   American colonies, Ireland, France and India
  Harried, and Burke's great melody[6] against it.

The Second. Oliver Goldsmith sang what he had seen,
  Roads full of beggars, cattle in the fields,
  But never saw the trefoil stained with blood,
  The avenging leaf those fields raised up against it.[7]

The Fourth. The tomb of Swift wears it away.

The Third.   A voice
  Soft as the rustle of a reed from Cloyne
  That gathers volume; now a thunder-clap.

---

6) 코너 크루즈 오브라이언(Conor Cruise O'Brien)은 예이츠의 이 작품 중 "버크의 위대한 멜로디는 그것에 저항했다."에 주목하여 『위대한 멜로디』(*The Great Melody*)라는 제목으로 버크의 전기를 출간했다.

여섯 번째.　　그들이 알았던 몰랐던,
골드스미스와 버크, 스위프트 그리고 클로인의 주교
모두가 휘그주의를 싫어했다. 그런데 휘그주의가 뭐지?
성자의 눈이나 주정뱅이의 눈으로 본 적이 없는
공격적이고, 원한에 찬, 이성적 정신이다.

일곱 번째.　　이젠 모두가 휘그주의자들이다,
하지만 우리 노인들은 뭉쳐서 세상에 저항한다.

첫 번째.　　미국의 식민지들, 아일랜드, 프랑스 그리고 인도는
침탈당했으며, 버크의 위대한 멜로디[6]는 세상에 저항했다.

두 번째.　　올리버 골드스미스는 자기가 보았던 것을 노래했다,
거지들로 가득 찬 거리들, 들판의 가축을.
허나 클로버가 피로 얼룩진 것은 본 적이 없었다,
그 복수의 잎이, 그 들판이 분기하여 세상에 저항하는 것을
본 적이 없었다.[7]

네 번째.　　스위프트의 무덤은 세상을 마멸시킨다.

세 번째.　　갈대의
바스락거림처럼 부드러운 클로인의 목소리가
풍부한 성량을 이루어 이제 청천벽력이 된다.

---

7) 골드스미스는 방랑자처럼 플루트를 연주하면서 밥벌이를 하는 등 가난과 싸워가며 수년간 유럽을 도보로 여행했다. 그는 정치사상 등에는 별로 관심이 없었고 그의 정신은 차라리 낭만주의자의 그것에 가깝다.

The Sixth.　What schooling had these four?

The Seventh. They walked the roads
  Mimicking what they heard, as children mimic;
  They understood that wisdom comes of beggary.

《해설》

이 작품은 제목이 말해 주듯 7인의 노 현자들을 화자로 등장시켜 예이츠의 구극을 구현하고 있다.

이 노인들은 대화와 독백을 통해 네 명의 위대한 아일랜드 선조들을 소개한다. 첫 번째 노인은 에드먼드 버크를, 두 번째 노인은 올리버 골드스미스를, 세 번째 노인은 조지 버클리를 그리고 네 번째 노인은 조나단 스위프트를 소개한다. 네 명의 선조들은 모두 문학적 정치적 성취에 있어 위대한 전통의 반열에 선 위인들이다. 다섯 번째 노인은 자신들의 생각의 근원에 대해 생각한다. 여섯 번째 노인이 답하듯, 그들의 생각의 근원은 네 명의 위대한 선조들의 정신에 있으며, 그것은 반(反)휘그주의적 정신이다. 버크는 휘그당원이긴 했지만, 중요한 것은 네 명의 선조들이 의식했던 못했던 그들 모두 휘그주의를 불신했다는 사실이다. 휘그주의란 무엇인가? 그것은 깨달음의 근원인 성현의 시각도 주정뱅이의 시각도 아닌, 그리하여 현자의 삶의 자세와는 동떨어진 오늘날의 냉철한 합리주의적 정신이다.

문제는 오늘날은 모두가 휘그주의자들이라는 것이다. 하지만 7인의 노인들만이 합리주의적 정신이 지배하는 현세에 맞서 버크나 골드스미스, 버클리 그리고 스위프트가 옹호했던 18세기적 가치를 견지하려

여섯 번째. 이 네 사람은 어떤 교육을 받았던가?

일곱 번째. 아이들처럼
그들은 자신들이 들었던 것을 흉내 내며, 거리를 걸었다.
그들은 지혜란 거지신세로부터 온다는 것을 알았다.

한다. 그 자신 중산층 출신으로서 중산층의 미덕을 옹호했던, 한때는 휘그당원이었던 버크가 프랑스 혁명에 반기를 들었던 사실에서 드러나듯이 7인의 현자들이 저항하는 대상은 권력을 남용하는 세상이다.[8]

네 명의 위인들이 추구했던 궁극은 예이츠의 궁극이다. 시인은 자신의 구극을, 마치 득도한 현자와도 같은 일곱 번째 노인을 위해 마련해 둔다. 위인들이 휘그주의를 증오했던 것은, 특히 버크가 프랑스 혁명에 반기를 들었던 것은 그것이 민주주의의 원리를 표방하고 있기는 하지만, 프랑스 혁명이란 농민 계급이 아닌 쁘띠 부르주아의 혁명이었기 때문이었을 것이다. 일곱 번째 노인의 눈으로부터 뿜어 나오는 예지의 근원은 농민 계급에 있었던 것이다. 예지란 길을 걸으며 진실을 말할 수 있는, 이른바 무소유의 경지에 이를 때 가능한 것이다.

현자 중의 현자인 일곱 번째 노인에게서 「옥돌」("Lapis Lazuli")의 노인을, 노년의 시인의 모습을 발견할 수 있다. 그것은 "지혜란 거지신세로부터 온다."는 동양적 깨달음의 현현이다.

---

8) 미국 혁명이 권력의 남용에 반대하는 혁명이었다면, 프랑스 혁명은 권력의 남용의 근원이었다. 아일랜드에 대한 버크의 감정은 대단히 복잡 미묘한 것이어서 언급하기가 쉽지 않다. 버크는 아일랜드의 문제에 대해 매우 예민하고 회피적이었으며 때로는 참으로 비밀스러웠다.(Holdridge 21)

THE CRAZED MOON[1)]

Crazed through much child-bearing[2)]
The moon is staggering in the sky;
Moon-struck by the despairing
Glances of her wandering eye
We grope, and grope in vain,
For children born of her pain.[3)]

Children dazed or dead!
When she in all her virginal pride[4)]
First trod on the mountain's head
What stir ran through the countryside
Where every foot obeyed her glance!
What manhood led the dance!

Fly-catchers of the moon,
Our hands are blenched, our fingers seem
But slender needles of bone;

---

1) 이 시는 1923년 4월에 씌어졌고 1932년에 『어쩌면 노랫말로와 기타 시편들』(*Words for Music Perhaps and Other Poems*)에 발표되었다.

2) much child-bearing: A New Commentary on the Pocms of W. B. Yeats. p. 283 재인용. T. R. 헨(T. R. Henn)은 이 구절의 출처가 『코넬리우스 아르리파』(Cornelius Agrippa)(비교철학 2장[Occult Philosophy Ⅱ, ch.] xxxii쪽)임을 암시하고 있다.: "the moon is described as the life of all the stars, may be the source of this: The sun is the lord of all elementary virtues, and the moon by virtue of the sun is the mistress of generation, increase or decrease ..."

미쳐버린 달[1)]

유석형

많은 수태의 산고로 미쳐버린[2)]
달이 하늘에서 비틀거리고 있네;
방황하는 달의 절망적인
시선을 맞아 넋을 잃고
우리는 더듬고, 또 더듬지만 소용이 없네,
달의 진통으로 낳은 아이들을 찾아서.[3)]

아이들은 기절하거나 죽어있네!
달이 처녀성을 한껏 뽐내며[4)]
처음 산꼭대기를 걸었을 때
그 진동은 시골구석까지 내리 달려
모든 이의 발걸음은 달의 시선 따라 다녔네!
어떤 혈기 왕성한 남성이 춤을 이끌었는가!

달의 파리지옥 풀,
우리는 손이 하얗게 질려 손가락은 마치
뼈로 만든 바늘인 양 가늘어졌네;

---

3) the children born of her pain: 또한 헨(Henn)은 달은 여성임을 암시하고 있다. 남성은 그녀의 운명 지어진 자궁이 본향인 '그녀가 배 아파 낳은 아이들'을 찾고 있다.

4) virgin pride: 여기서는 처녀의 여성성을 제시하고 있다. 헨은 제2연을 시인의 초기의 삶에 있어서 비교적 풍요했던 시절의 정경과 고어-부쓰 자매의 추억으로 보고 있다.

Blenched by that malicious dream
They are spread wide that each
May rend what comes in reach.[5]

《해설》

조지 번슈타인(George Bornstein)에 의하면[6] 이 시는 예이츠의 시스템의 방식으로 읽어야 한다(204). 후기 상(相)에서 달이 비추는 것은 얼빠진, 지리멸렬한 더듬는 이에게 맞추어져 있다. 이는 달의 초기 상(相)에서 질서 있게 춤추는 원기 왕성한 아이들의 묘사와는 대조적이다.

나아가 제3연에서는 가이어(gyre)가 끝부분에 이를 때처럼 나중에는 흉악하게 자라 손에 잡히는 것은 무엇이나 악의적으로 찢어버리기를 갈망하는 아이들이 된다.

---

5) 이 연은 여자와 환경이 하나로 결합하는 장면을 암시하고 있다.
6) George Bornstein, "Yeats and the Greater Romantic Lyrics." *Critical Essays on W. B. Yeats*. Ed. Richard J. Finneran(Boston: G. K. Hall & Co., 1986), 204.

그 악몽으로 하얗게 질려
잡히는 것은 무엇이든지
찢으려고 그들은 멀리 손을 뻗네.[5)]

3연으로 된 이 시는 우리에게 친숙한 3중 패턴, 즉 out-in-out을 현재-과거-현재와 짝짓는 형식을 재현하고 있다. 화자는 먼저 옛 달의 현재의 상태를 묘사하고 나서, 열정(passion: “stir”)과 질서(order: “dance”)를 불어넣으면서 처녀성을 뽐내는 달의 환상(vision)을 창조한 후, 마지막으로 우리의 헛된 추구(groping)의 목표, 즉 악의적인 파괴를 인지함으로써 현재 상태로 되돌아온다. 이 풍경은 예이츠에게조차 비현실적이기까지 하다.

여기서 달은 여러 가지 의미, 즉 자연의 달, 『비전』의 28상(相), 시간상의 역사 발전, 또는 원기 왕성한 상태에서 절망 상태로 이우는(withering) 상상력의 다의성(多意性)을 지닌다. 화자가 현 조건에서 승리하는 유일한 길은 기억으로부터 과거의 영광을 재창조하는 것이다.

COOLE PARK, 1929

I meditate upon a swallow's flight,
Upon an aged woman and her house,
A sycamore and lime-tree lost in night
Although that western cloud is luminous,
Great works constructed there in nature's spite
For scholars and for poets after us,
Thoughts long knitted into a single thought,
A dance-like glory that those walls begot.

There Hyde before he had beaten into prose
That noble blade the Muses buckled on,
There one that ruffled in a manly pose
For all his timid heart, there that slow man,
That meditative man, John Synge, and those
Impetuous men, Shawe-Taylor and Hugh Lane,
Found pride established in humility,
A scene well Set and excellent company.

They came like swallows and like swallows went,
And yet a woman's powerful character
Could keep a swallow to its first intent;
And half a dozen in formation there,

쿨 장원, 1929년

이영석

나는 제비 한 마리가 나는 것을 본다,
나이 지긋한 여인과 그녀의 집 위에,
단풍과 린덴 나무들이 밤이면 보이지 않는,
서쪽의 구름이 빛나고 있지만,
자연의 심술에도, 우리 다음의 학자들과 시인들을 위해,
거기서 위대한 작품들이 만들어지고,
많은 생각들이 오랜 동안 하나의 생각으로 뜨개질되고,
그 벽들은 춤처럼 영광을 낳고.

거기서 하이드가 어쩔 수 없이 산문으로 돌아서게 되기 전,
시의 신이 그의 고상한 칼날을 채워 주시고,
거기서 자신의 소심한 가슴에도
남자다운 자세로 깃털을 곤두세운 자 있고, 거기에 느리지만,
사색적인 존 싱, 그리고 열정적인 사람들, 쇼-테일러와 휴 레인,
겸손과 자긍심을 가졌지.
하나의 무대가 잘 세워진 탁월한 무리였지.

그들은 제비처럼 와서 제비처럼 가지만,
한 여인의 강한 인격은 한 제비의 첫 의도를 지니게 하지,
그리고 여섯은 거기서
컴퍼스로 고정된 원형을 그리는 듯,
꿈꾸는 허공에서 확실한, 직선의

That seemed to whirl upon a compass-point,
Found certainty upon the dreaming air,
The intellectual sweetness of those lines
That cut through time or cross it withershins.

Here, traveller, scholar, poet, take your stand
When all those rooms and passages are gone,
When nettles wave upon a shapeless mound
And saplings root among the broken stone,
And dedicate — eyes bent upon the ground,
Back turned upon the brightness of the sun
And all the sensuality of the shade —
A moment's memory to that laurelled head.

쿨 장원에서 예이츠와 함께한 레이디 오거스타 그레고리
(출처: Micheál Mac Liammóir and Eavan Boland. *W. B. Yeats*. Thames and Hudson. 1998. p. 39)

지적 달콤함을,
시간을 관통하여 태양 반대 방향으로 가로질러,
맛본다.

여기서, 여행자, 학자, 시인이여, 멈추라,
모든 방들과 통로들이 사라졌을 때,
쐐기풀들이 형체가 사라진 흙무더기 위에 파도처럼 넘실대고
어린 나무들이 깨어진 바위틈에 뿌리내릴 때,
그리고 시선을 땅 위에 던지고,
등을 눈부신 태양과
모든 감각적 그늘에 등지게 하고,
그 월계관을 두른 두상에 한 순간의 묵념을
올리라.

《해설》

이 시는 1928년 9월 7일 골웨이 카운티의 레이디 그레고리(Lady Gregory)의 집, 쿨 장원(Coole Park)에서 완성되어 그녀의 책 『쿨』(*Coole*, 1931)에 처음 실렸다. 레이디 그레고리의 집은 예이츠를 포함하여 여러 문인들과 학자들에게 창작과 사색의 공간을 제공하였다.

COOLE PARK AND BALLYLEE, 1931

Under my window-ledge the waters race,
Otters below and moor-hens on the top,
Run for a mile undimmed in Heaven's face
Then darkening through "dark" Raftery's "cellar" drop,
Run underground, rise in a rocky place
In Coole demesne, and there to finish up
Spread to a lake and drop into a hole.
What's water but the generated soul?

Upon the border of that lake's a wood
Now all dry sticks under a wintry sun,
And in a copse of beeches there I stood,
For Nature's pulled her tragic buskin on
And all the rant's a mirror of my mood:
At sudden thunder of the mounting swan
I turned about and looked where branches break
The glittering reaches of the flooded lake.

Another emblem there! That stormy white
But seems a concentration of the sky;
And, like the soul, it sails into the sight
And in the morning's gone, no man knows why;

1931년 쿨 장원과 발릴리

우철환

내 방 창턱 아래 물이 다투어 흐른다.
물 밑엔 수달, 물 위엔 쇠물닭들 떠 있고,
어둑해지지 않은 하늘을 보고 1마일 달리면
"눈먼" 라프테리의 땅광으로 흘러내려 어둠 속
땅 밑을 흘러가 쿨 장원의 암반지대에서 솟아오른다.
거기서 흐름이 끝나고 넓게 번져 호수가 되어
물살 잔잔하고 깊은 물로 흘러든다.
흐르는 물이란 영혼의 생성이 아니면 무엇일까?

호수의 가장자리엔 숲이 있고
지금은 겨울 햇볕 아래 온통 마른 나뭇가지들뿐,
나는 그곳 너도밤나무 숲 속에 서 있다.
자연은 벌써 비극 의상을 차려입었고
그 내지르는 대사가 온통 내 기분을 반영하고 있기에.
갑자기 날아오르는 백조의 천둥치는 날갯소리에
나는 몸을 돌려 나뭇가지 사이로 어른거리는
넓게 펼쳐져 반짝이는 가득 찬 호수 물을 보았다.

저기 또 하나의 표상! 저 백색 폭풍은
단연 하늘의 집중 같다.
그리고는 영혼처럼 시야로 미끄러져 들어온다.
그리고 아침엔 사라지는데 그 이유는 아무도 모른다.

And is so lovely that it sets to right
What knowledge or its lack had set awry,
So arrogantly pure, a child might think
It can be murdered with a spot of ink.

Sound of a stick upon the floor, a sound
From somebody that toils from chair to chair;
Beloved books that famous hands have bound,
Old marble heads, old pictures everywhere;
Great rooms where travelled men and children found
Content or joy; a last inheritor
Where none has reigned that lacked a name and fame
Or out of folly into folly came.

A spot whereon the founders lived and died
Seemed once more dear than life; ancestral trees
Or gardens rich in memory glorified
Marriages, alliances and families,
And every bride's ambition satisfied.
Where fashion or mere fantasy decrees
Man shifts about — all that great glory spent —
Like some poor Arab tribesman and his tent.

We were the last romantics — chose for theme
Traditional sanctity and loveliness;

또 너무 아름다워서 지식과 지식의 결핍이
저지른 오류를 바로잡는다.
너무나 오만하게 깨끗하기 때문에 어린애라면
한 점 잉크 자국만으로도 죽일 수 있다고 생각할지도 모를 일이다.

방바닥을 울리는 지팡이 소리, 누군가 힘들게
의자에서 의자로 몸을 옮기는 기척이다.
방 안에는 잘 알려진 솜씨를 지닌 사람들이 장정(裝幀)한 책들,
오래된 대리석 두상(頭狀)들, 옛 그림들이 사방에 있고,
견문이 넓은 어른들과 아이들이 만족하거나 즐거워하던
커다란 방들, 그리고 명성과 평판이 모자란 사람이나,
우둔한 자의 소생으로 우둔하게 태어난 자는 아무도
군림한 바 없던 곳의 마지막 상속인이 있다.

가문의 설립자들이 살다 죽은 곳이 한때는
생명보다 더 소중히 여겨졌다. 추억이 풍부하게 깃들어 있는
조상 전래의 수목이나 정원은 결혼식, 인척 그리고 가족들을
영광되게 해주었고, 모든 신부의 큰 포부를 충족시켜 주었다.
시류나 단순한 변덕이 주도하는 곳에서
인간은 — 그리도 큰 모든 영광이 다했기에 —
가련한 아랍 종족과 그의 천막처럼 이리저리 이동한다.

우리는 마지막 낭만주의자들 —
전통적 고결함과 아름다움을 주제로 택했다.
시인들이 민중의 책이라고 이름붙인 것에 쓰인 모든 것과,

Whatever's written in what poets name
The book of the people; whatever most can bless
The mind of man or elevate a rhyme;
But all is changed, that high horse riderless,
Though mounted in that saddle Homer rode
Where the swan drifts upon a darkening flood.

《해설》

이 작품은 시기적으로 이미 노년에 이른 예이츠가 자신의 노쇠를 느끼면서 병석에 있는 레이디 그레고리와 쿨 장원 그리고 자기 자신과 결혼 후 상당기간 동안 아내인 조지와 기거했던 발릴리 탑의 관계를 숙고하며 레이디 그레고리와 쿨 장원이 상징하는 고결한 낭만적 전통이 사라져 가는 것을 안타까움을 지니면서도 비교적 담담하게 여섯 개의 8행연으로 풀어낸 명상 시이다.

첫 연은 예이츠가 자신이 거주하던 발릴리 탑을 경유해서 쿨 장원까지 흐르는 시냇물을 통해 자신이 레이디 그레고리와 연결되어 있음을 뚜렷이 부각시키고 있다. 그런데 그 흐름이 단순하지 않고 우여곡절, 즉 여러 상반 요소가 있음을 보여준다. 물 밑과 물 위, 하늘과 땅 속, 밝음과 어둠 등이 대비되는 과정을 통해 "넓게 번져 호수가 되어 / 물살 잔잔하고 깊은 물로 흘러든다." 마지막 행에서 수사 의문문을 사용하여 이렇게 흐르는 물을 영혼의 생성이라고 주장한다. 즉 그들의 관계가 영혼과 영혼이 이어진 관계임을 암시한다. 나아가서 그 흐름은 육신의 죽음에 합류함을 또 암시한다.

둘째 연에서는 이렇게 흘러내린 물이 이룬 호숫가 정경이 그려진다. 이미 앞의 연에서 암시된 바 있듯이 흐름이 끝나는 곳인 호수는 "물살

인간의 정신을 최고로 복되게 하거나
시의 격을 높일 수 있는 모든 것을.
그러나 모두가 변했다. 그 드높은 말 위에는 기수가 없다.
그 말안장 위에 호머가 올라 앉아
저 백조가 어둠이 깃드는 양양한 물 위에서
표류하는 곳을 달린 적이 있긴 하지만.

잔잔하고 깊은 물로 흘러"들기 전에 잠시 머무는 곳이다. 다시 말해 죽음의 세계로 들어가기 전에 마지막으로 머무는 곳이다. 레이디 그레고리도 이곳에 마지막으로 머물고 있다. 그녀가 이곳에서 평생을 살아왔지만 결국 그녀 역시 여기서 죽음을 기다리는 셈이다. 쿨 장원도 마지막 거주자 레이디 그레고리가 죽고 나면 헐리게 되어 있다. 모두가 끝남 곧 죽음과 관계된다. 여기서 죽음을 상징하는 겨울 풍경이 전개되는 것은 자연스러운 이행(移行)이다. 흐름이 멈추고 생명이 다하는 것은 생명의 온기, 광명과 환희로부터의 단절이다. 그것은 살아 있는 사람의 관점에서는 비극이다. "겨울 햇볕 아래 온통 마른 나뭇가지들 뿐"인 호숫가 풍경은 자연이 무상한 인간의 비극적 본질을 비극 배우처럼 연기하고 있음에 다름 아니다. 기분이 한껏 침체할 수밖에 없는 상황인데 고결한 생명의 상징인 백조가 날아오른다. 앞 연의 "물살 잔잔하고 깊은 물로 흘러든다."와 "갑자기 날아오르는 백조의 천둥치는 날갯소리"가 절묘한 대조를 이루고 있다.

셋째 연에 이르면 백조라는 이미지로 관심이 집중된다. 물의 흐름이 영혼 생성과정을 나타내는 상징이며 알레고리라면 백조의 이미지 또한 영혼의 "또 하나의 표상"이다. 그 "백색 폭풍"은 인간의 영역 밖에 있는 "하늘의 집중" 같은 존재다. 따라서 인간의 사고로는 영혼의 작용이나 활동을 이해하지 못한다. 인간의 지식도 마찬가지로 영혼과는 무관하다. 인간의 지식으로 영혼을 가늠하기 때문에 인간은 오류를 범하게 마련이다. 오로지 영혼의 표상으로서의 백조만이 그런 오류를 바로 잡는다. 그러나 "너무나 오만하게 깨끗"한 백조의 표상은 아무 힘없는 어린애도 "한 점 잉크 자국만으로도 죽일 수 있"는 약점을 가지는 모순을 보인다. 이 점은 쿨 장원과 레이디 그레고리의 운명을 암시한다고 할 수 있다.

넷째 연은 노쇠한 레이디 그레고리와 그녀의 방에서 병든 몸을 힘들게 움직이는 모습으로 시작된다. 비록 그녀가 움직이기도 어려운 병든 노구를 가지고 있지만 그녀의 방은 온통 인간의 격조 높은 지성과 아름다움을 반영하는 "잘 알려진 솜씨를 지닌 사람들이 장정(裝幀)한 책들, 오래된 대리석 두상(頭狀)들, 옛 그림들"이 사방에 둘려 있다. 이것은 품격 있는 귀족전통의 특징의 일면을 보여준다. 이런 환경에 뿌리내리고 있는 그녀의 너그럽고 후한 인품은 어른이거나 어린 아이거나 이곳을 방문한 사람들에게 만족과 즐거움을 주었던 것이다. 또 아들 로버트의 전사로 인하여 가문의 "마지막 상속자"로 그려지고 있다. 그녀는 그레고리 가문의 마지막 상속자일 뿐만 아니라 바로 위에서 그리고 있는 품격 있는 귀족전통의 마지막 보루이고, 늙고 병들어 죽음을 앞둔 레이디 그레고리의 모습은 그 보루가 무너지고 있음을 암시한다. 즉 유서 깊은 고결하고 아름다운 가치가 현대에 이르러 어떻게 변모해 가고 있는지 상징적으로 시사하고 있다.

다섯째 연은 유서 깊은 그레고리 가문의 생활 터전인 쿨 장원에서 이루어졌던 삶의 모습이 어떠했는지 그려진다. "추억이 풍부하게 깃들어 있는 / 조상 전래의 수목이나 정원은 결혼식, 인척 그리고 가족들을 / 영광되게 해주었고, 모든 신부의 큰 포부를 충족시켜 주었다." 그러나 앞의 연에서 지적되었듯 이런 모습은 이제는 사라지고 있고 소중한 전통이 사라진 곳에 — "그리도 큰 영광이 다했기에" — "시류나 단순한 변덕"이 주도적 역할을 하고 있고 소중한 전통의 뿌리를 상실한 인간들은 그 "시류나 단순한 변덕"에 따라 "가련한 아랍 종족과 그의 천막처럼" 정처 없이 방황할 수밖에 없음이 그려진다.

마지막 여섯째 연에 이르면 발릴리 탑에서 흘러온 물이 쿨 장원의 호수에 도달하여 합류하듯 예이츠 자신도 레이디 그레고리로 상징되는 쿨 장원의 전통에 합류한다. 그 전통은 레이디 그레고리의 삶으로 표출되는 그녀의 정신 속에 살아 있고 영혼의 흐름으로 상속된다. 그러나 그 전통도 정신도 레이디 그레고리의 노쇠와 질병으로 시들어가고 있고 나아가서는 그녀의 예견되는 죽음으로 완전히 막을 내리게 될 것이다. 예이츠는 다름 아닌 낭만정신에서 레이디 그레고리와 합류하고 있다고 믿었음에 틀림없다. 그래서 자신과 레이디 그레고리를 "마지막 낭만주의자들"이라 부른다. 그들의 낭만정신의 핵심은 그들이 택한 주제 "전통적 고결함과 아름다움"으로 요약된다. 그것은 "시인들이 민중의 책이라고 이름붙인 것에 쓰인 모든 것과 / 인간의 정신을 최고로 복되게 하거나 / 시의 격을 높일 수 있는 모든 것"이다. 그러나 모든 것이 과거의 일이고 낭만적 상상의 세계로 날아오르게 해줄 "그 드높은 말(페가수스) 위에는 기수가 없다." 그 옛날에는 "그 말안장 위에 호머가 올라 앉아" 죽음이 다가오는 어둠이 깃드는 시간에 죽기 전 마지막으로 화려한 노래를 부르려 하는 백조의 노래 속으로 비상하여 죽음마저 그것을 초월하는 낭만적 주제의 노래로 살려놓을 수 있었는데 지금은 마지막 낭만주의자들인 자신과 레이디 그레고리가 노쇠하여 그 말을 탈 수 없어 낭만적 전통을 이어갈 수 없는 처지임을 안타까워하는 것으로 끝난다.

참고로 위타커(Thomas R. Whitaker)는 그의 저서 『백조와 그림자』(*Swan and Shadow*)에서 예이츠의 순환 사상에 기대어 겨울은 봄으로 이어지고, 기수 없는 말 위에 누군가 타게 될 것이며, 표류하는 백조가 날아오를 것이라고 함으로써 희망적인 해석을 붙였다(221).

FOR ANNE GREGORY

'NEVER shall a young man,
Thrown into despair
By those great honey-coloured
Ramparts at your ear,
Love you for yourself alone

And not your yellow hair.'
'But I can get a hair-dye
And set such colour there,
Brown, or black, or carrot,
That young men in despair
May love me for myself alone
And not my yellow hair.'

'I heard an old religious man
But yesternight declare
That he had found a text to prove
That only God, my dear,
Could love you for yourself alone
And not your yellow hair.'

앤 그레고리에게

이규명

'젊은이는 결코
절망에 빠져 그대의 귀가에 드리워진
황홀한 금발의 머리칼에 의해,
그대만을 결코 사랑하지 않으리라
그대의 금발이 아니라.'

'그러나 내가 머리에 물을 들일 수 있으니
그 자리에 색깔을 입히련다,
갈색이나, 검은 색, 혹은 붉은 색으로,
절망에 빠진 그 젊은이가 나만을 사랑하게
나의 금발이 아닌.'

'나는 들었다 한 경건한 노인이
어제 밤 선언하는 소리를
그것은, 나의 사모하는, 하나님만이
홀로 그대를 사랑할 수 있음을
증명하는 성구(聖句)를 발견했음을,
그대의 금발의 머리가 아니라.'

《해설》

J. M. 싱(J. M. Synge)의 1895년 12월 31일 사진
(출처: Micheál Mac Liammóir and Eavan Boland. *W. B. Yeats*. Thames and Hudson. 1998. p. 75)

1930년 9월에 탄생한 이 시작품은 만년에 쓰여진 것으로 시제 속의 인물은 레이디 그레고리의 손자다. 시인이 자신의 현실참여에 많은 협조를 해온 레이디 그레고리를 처음 만난 것은 1896년이었는데, 시인은 그 이듬해부터 수년 동안 여름에는 쿨 장원에 있는 레이디 그레고리의 저택에서 창작생활을 했다. 시인이 아일랜드 문예부흥 또는 켈트의 부활이라는 명분하에 문예운동을 주도하며 연극운동을 할 당시 레이디 그레고리와 싱(J. M. Synge) 등은 많은 협조를 아끼지 않았다.

향수에 가려진 사물의 정체를 탐문하듯 이 시작품에 배여 있는 예이츠만의 체취를 맡는다. 그 향기는 비록 심미적이긴 하지만 강렬한 독말풀의 향기나 욕정의 밤꽃 향기가 아니라 은근한 안개꽃이나 신비로운 제비꽃의 향기다. 그 향기는 강렬하게 독자들에게 흡입되고 뇌쇄(惱殺)시킨다. 파트리크 쥐스킨트(Patrick Suskind)의 소설 『향수』(*Perfume: The Story of A Murderer*)에서 수많은 군중이 주인공 장 바티스트 그르누이가 제조한 향수에 취해 현실의 고통을 망각하듯이. 결국 시인은 시의 향기로 사물의 존재를 말한다.

미르치아 엘리아데(Mircea Eliade)의 분위기가 얼른 감지된다. 그것은 성(聖)과 속(俗)의 대립양상이다. "금발"의 머리칼에 혹하기 쉬운 젊은이의 감각적인 경향에 대한 초월적인 자세를 보여준다. 이는 "금발"이든 "검은 색"이든 "붉은 색"이든 "갈색"이든 모두 오감에 속하는

쿨 장원의 저택
(출처: Brenda Maddox. *George's Ghosts*. Picador. 1999)

세속의 시각을 초월한다. 근본적으로 보아 색깔은 그저 인위적인 구분에 불과할 뿐이다. 기실 자연 어디에 존재하는 사물은 같은 것이다. 이를 색깔로 범주화한 것은 인간의 문화적인 습관이다. 이것이 중층화된 '하비투스'(habitus)는 무형의 감옥이 되어 인간을 구속한다.

색깔은 현상일 뿐이며 현상 위에 진리가 존재한다. 금발을 애써 추구하던 젊은이도 결국은 엔트로피(entropy)의 무자비한 법칙에 의해 쇠진하여 결국 그 금발의 환영에 회의를 느끼게 될 것임을 시사한다. 젊은 시절의 감각은 생기를 잃은 기호의 형태, 즉 현장 부재의 아름다운 추억으로 반추될 것이다. 단속적인 현상에 저항하는 영원에 대한 갈망이 연금술의 시인 예이츠의 영원한 화두가 아닌가?

SWIFT'S EPITAPH

SWIFT has sailed into his rest;
Savage indignation there
Cannot lacerate his breast.
Imitate him if you dare,
World-besotted traveller; he
Served human liberty.

《해설》

이 시작품은 1929년 초고가 작성되어 1930년 9월에 마무리되었다. 시제에 등장하는 인물은 아일랜드 더블린 출생의 조나단 스위프트(1667~1745)로, 주지하다시피 그의 주요 저서로는 세계적으로 널리 알려진 『걸리버 여행기』(*Gulliver's Travels*, 1726)를 비롯하여, 정치·종교계를 풍자한 『통 이야기』(*A Tale of Tub*, 1704), 『책의 전쟁』(*The Battle of the Books*, 1704) 등이 있다.

"항해"가 암시하는 더운 욕망의 결과인 "안식"이라는 식은 욕망의 항상성(homeostasis)을 반성하면서 사회적으로 욕망의 효용성을 실현한 "스위프트"라는 아일랜드의 리좀(rhizome)적 존재의 명분을 아일랜드 후대에 확산시키려는 시인의 의도가 드러난다. 욕망을 발산하는 인간의 에로스(Eros)는 사회의 명분에 의해 소실되고 인간을 기다리는 것은 차디 찬 타나토스(Thanatos)의 터널로 귀결된다. 그러니까 인간은 사는 것이 곧 죽는 것이다. 욕망이 어디론가 분출되어야 하기에 인간의

스위프트의 묘비명

이규명

스위프트는 긴 항해 끝에 안식에 들어갔다.
격렬한 분노도 그곳에서는
그의 심장을 찢을 수 없다.
그를 모방하라 그대가 용기가 있다면,
세속에 빠진 나그네여, 그는
인간의 자유를 섬겼다.

삶은 투쟁과 갈등이 연속되는 긴장의 현장임이 당연하다. 이리하여 자연은 인간에게 에너지를 부여하고 다시 소진시킨다. 그러나 인간이 이 숙명의 굴레 속에서도 유한의 에너지를 긍정적인 대의명분인 "자유"를 위해 투사하는 것이 좋으리라는 시인의 바람은, 비록 인위적인 것이긴 하지만 당시 대영제국의 식민지적 강제로 법제화된 환경으로부터의 자유를 갈망하는 탈식민지적인 의도를 드러낸다.

AT ALGECIRAS - A MEDITATION UPON DEATH

THE heron-billed pale cattle-birds
That feed on some foul parasite
Of the Moroccan flocks and herds
Cross the narrow Straits to light
In the rich midnight of the garden trees
Till the dawn break upon those mingled seas.

Often at evening when a boy
Would I carry to a friend —
Hoping more substantial joy
Did an older mind commend —
Not such as are in Newton's metaphor,
But actual shells of Rosses' level shore.

Greater glory in the Sun,
An evening chill upon the air,
Bid imagination run
Much on the Great Questioner;
What He can question, what if questioned I
Can with a fitting confidence reply.

알게시라스에서 - 죽음에 대한 명상

조동열

모로코 양떼와 소떼의
더러운 해충을 먹고사는
왜가리 부리의 창백한 가축 새는
좁다란 해협을 건너서
정원수의 풍요로운 한밤중에 내려앉으며
마침내 저 혼합된 바다 위에 새벽이 동터온다.

소년이었을 때 저녁나절에 가끔
나는 친구에게 가져가곤 했었지—
보다 실질적인 즐거움을 희망하고서
나이가 더 많은 사람이 추천했던—
뉴턴의 은유로 되어 있는 것이 아닌
로세스의 평평한 바닷가의 실제 조가비를.

태양의 보다 위대한 영광,
대기에 이는 저녁의 한기는,
위대한 질문자에 대해
상상력이 많이 작용하도록 하네.
그가 무엇을 질문할 수 있을까, 만일 질문을 받는다면
적당히 자신감 있게 내가 무엇을 답변할 수 있을까에 대해.

《해설》

예이츠가 1928년 11월 남부 스페인에 위치한 알게시라스의 호텔 라이나 크리스티나(Hotel Reina Cristina)에 머물면서 쓴 이 시는 1929년 2월 4일 『파운드에게 보내는 소포』(*A Packet for Ezra Pound*)에 「알게시라스에서 여름 동안 쓴 명상시」("A Meditation written during Summers at Algeciras")로 처음 발표되었다. 이 시에서 시인은 그가 묵고 있는 호텔 부근에서 둥지로 날아드는 새를 보고 죽음에 대해 명상하고 있다.

첫째 연에서 해협과 한밤중은 죽음을, 정원수가 있는 곳은 죽음의 세계를 암시한다. 새는 죽음을 의미하는 해협을 건너 정원수가 있는 죽음의 세계에 도달하여 새로운 새벽의 빛을 맞이하고 있다.

둘째 연에서 과거 소년시절이었을 때 시인은 실제적 즐거움을 바라는 노인 즉 무신론자인 아버지의 요구에 따라 추상적 진리보다는 실질적인 조가비를 노인에게 가져다주곤 하였다.

셋째 연에서 현실적으로 노쇠한 인생의 황혼기에 있는 시인은 죽은 후에 만나게 될 위대한 질문자 즉 신에 대해 명상한다. 아울러 신이 어떤 질문을 할 것인지, 그리고 그가 질문을 받게 되면 어떤 적절한 답변을 할 것인지에 대해 상상하고 있다.

첫째 연에 은연중에 나타난 저녁의 이미지, 그리고 둘째 연과 셋째 연에 나타난 저녁의 이미지는 시인이 처한 인생의 황혼기를 암시한다고 볼 수 있다.

1930년의 예이츠
(출처: Micheál Mac Liammóir and Eavan Boland. *W. B. Yeats*. Thames and Hudson. 1998. p. 107)

THE CHOICE

The intellect of man is forced to choose
perfection of the life, or of the work,
And if it take the second must refuse
A heavenly mansion, raging in the dark.
When all that story's finished, what's the news?
In luck or out the toil has left its mark:
That old perplexity an empty purse,
Or the day's vanity, the night's remorse.

《해설》

이 시는 1931년 2월 「쿨 장원과 발릴리」("Coole Park and Ballylee 1931")의 여섯째 연으로 쓰여졌으나 그 후 "Coole Park and Ballylee 1931"에서 분리되어 현재의 제목 「선택」("The Choice")으로 『나선계단』(*The Winding Stairs*)에 포함되었다.

이 시는 삶의 완성과 예술의 완성을 동시에 선택할 수 없으며 예술의 완성을 선택하면 성지들이 들어가는 천국의 저택을 포기해야 함을 보여주고 있다. 예술가가 추구하는 예술의 완성은 현실의 삶과 운명을 수용하고 현실에서의 치열한 노력을 통해 얻어질 수 있다. 반면 영혼의 구원과 삶의 완성을 추구하는 성자는 현실을 초월하여 천국의 저택에

선 택

조동열

사람의 지성은 삶의 완성과 일의 완성 사이에
선택하도록 강요받네.
그리고 그것이 두 번째를 선택하게 되면 어둠 속에서
분노하면서, 천국의 저택을 거절해야 하네.
모든 이야기가 끝이 날 때 새로운 것은 무엇인가?
행운이 있든지 또는 없든지 간에 노고는 그 흔적을 남겼네.
그 오래된 당혹감도 빈 지갑,
또는 낮의 공허함, 밤의 후회를 남겼네.

들어갈 수 있다. 시인은 예술가로서 예술의 완성을 선택하며 아울러 천국의 저택은 포기해야 한다. 현실의 삶 속에서 예술의 완성을 위한 노력과 노고는 빈 지갑, 공허 그리고 후회만 남겨 놓는다. 공허는 현실의 치열한 삶 속에서 착용하게 되는 마스크 즉 자아와 반자아 사이의 괴리에서 기인하는 심리적 상황으로 볼 수 있다.

이 시는 현실의 삶 속에서 이루어지는 치열한 노력과 노고는 빈 지갑, 공허, 후회를 남기지만 아울러 그의 삶을 형성하고 예술의 완성을 이루는 힘임을 보여주고 있다.

MOHINI CHATTERJEE

I ASKED if I should pray.
But the Brahmin said,
'pray for nothing, say
Every night in bed,
"I have been a king,
I have been a slave,
Nor is there anything.
Fool, rascal, knave,
That I have not been,
And yet upon my breast
A myriad heads have lain."'

That he might Set at rest
A boy's turbulent days
Mohini Chatterjee
Spoke these, or words like these,
I add in commentary,
"Old lovers yet may have
All that time denied —
Grave is heaped on grave
That they be satisfied —
Over the blackened earth

모히니 채터지

조동열

내가 기도해야 할지에 대해 물었을
단지 그 브라만은 말했네,
'어떤 것을 위해 기도하지 마세요, 매일 밤
잠들 때에 말하세요,
"나는 왕이었네,
나는 노예였네,
그리고 바보, 악당, 악한 등 어떤 것도 없었네.
내가 되어 보지 않은 것은,
그렇지만 내 가슴 위에
수많은 사람들이 누웠네"라고.'

어떤 소년의 소란스러운 날들을
안정시키기 위하여
모히니 채터지는 이것들을, 이 같은 말들을 하였네,
나는 주석에서 덧붙였네,
"오래된 연인들은 시간이
거절하였던 모든 것을 가질 수도 있다—
그들이 만족할 수 있도록
무덤은 무덤 위에 쌓이고—
어두운 대지 위에
늙은 군대가 행진한다,
그러한 포격이 시간을

The old troops parade,
Birth is heaped on Birth
That such cannonade
May thunder time away,
Birth-hour and death-hour meet,
Or, as great sages say,
Men dance on deathless feet."

《해설》

이 시는 1929년 2월 23일과 2월 9일 사이에 쓰였으며, 『파운드에게 보내는 소포』(*A Packet for Ezra Pound*)에 처음 발표되었다.

모히니 채터지(Mohini Chatterji)는 신지학에 정통한 인도 브라만으로서 1885년 12월 더블린을 방문하여 여러 차례 강연을 하였다. 이때 예이츠는 채터지를 처음 만나게 되었으며 그의 영향으로 인도 사상에 대해 관심을 갖게 되었다.

이 시는 윤회에 대한 시이다. 예이츠는 영혼과 윤회에 대한 믿음을 가지고 있었으며 이러한 믿음은 채터지와 같은 인도 사상가의 접촉과 영향으로 그의 확고한 신념으로 굳어져 갔다.

채터지가 더블린 방문기간 어떤 사람으로부터 기도를 해야 할지에 대해 질문을 받고 다음과 같이 답변한 적이 있다. "잠들기 전에 다음과 같이 말하세요. '나는 많은 삶을 살았네, 나는 노예였으며 왕이었네. 많은 연인이 내 무릎 위에 앉았으며 나도 많은 연인의 무릎에 앉았네. 존재하는 모든 것은 다시 존재할 것이네.'라고." 이와 같은 채터지의

천둥 쳐 흘려보내도록
탄생은 탄생 위에 쌓인다,
탄생의 시간과 죽음의 시간이 만난다,
아니면 위대한 성자들이 말하듯이
인간들은 불멸의 발로 춤을 춘다."

답변은 첫째 연의 배경이 되고 있다. 첫째 연에서 인간은 윤회 때문에 왕, 노예, 악한 등 되어 보지 않은 것이 없으며 여러 윤회의 삶을 통해 여러 사람을 사랑하였음을 말하고 있다.

둘째 연에서 만족스럽지 못한 삶을 살아가는 사람에게 위안을 주기 위해 채터지는 윤회의 믿음과 희망을 말하고 있다. 아울러 무덤이 무덤 위에 쌓이고 탄생이 탄생 위에 쌓이며 탄생의 시간과 죽음의 시간이 만나는 윤회를 통해 좌절과 실연으로 점철된 삶의 인간도 다음의 생에서 만족스러운 삶을 살 수가 있음을 보여주고 있다.

BYZANTIUM

The unpurged images of day recede;
The Emperor's drunken soldiery are abed;
Night resonance recedes, night walkers' song
After great cathedral gong;
A starlit or a moonlit dome disdains
All that man is,
All mere complexities,
The fury and the mire of human veins.

Before me floats an image, man or shade,
Shade more than man, more image than a shade;
For Hades' bobbin bound in mummy-cloth
May unwind the winding path;
A mouth that has no moisture and no breath
Breathless mouths may summon;
I hail the superhuman;
I call it death-in-life and life-in-death.

Miracle, bird or golden handiwork,
More miracle than bird or handiwork,
Planted on the star-lit golden bough,
Can like the cocks of Hades crow,

비잔티움

김영민

낮 동안의 혼란한 이미지들이 사라진다.
술에 취한 황제의 군인들이 침상에 든다.
밤거리를 거니는 이들의 노랫소리, 밤의 공명이 사라진다.
장엄한 성당의 종소리가 울린 후.

별빛 달빛 비추이는 둥근 지붕의 성당의 돔은,
인간의 모든 것들,
단지 복잡하기만 한 모든 것들,
인긴의 핏줄의 분노와 오욕을 비웃고 있다.

내 눈앞에 사람인지 유령인지, 아니 사람이라기보다는 유령,
유령이라기보다는 이미지인, 한 이미지가 떠오른다,
그 때문에 미라를 수의로 감싼 지옥의 얼레가
그 감긴 길을 풀 수 있을지 모른다.
메말라 숨쉬기도 어려운 입을
숨을 멈추고 있는 많은 입들이 불러올지 모른다.
나는 초인을 부른다.
그 초인을 "죽음 가운데 삶" 그리고 "삶 가운데 죽음"이라 이름붙이며.

별이 비치는 금빛 가지 위에 심어진,
기적, 새 아니 금으로 만든 공예품,
아니 살아 있는 새나 공예품이라기보다는 기적에 가까운 황금새가,

Or, by the moon embittered, scorn aloud
In glory of changeless metal
Common bird or petal
And all complexities of mire or blood.

At midnight on the Emperor's pavement flit
Flames that no faggot feeds, nor steel has lit,
Nor storm disturbs, flames begotten of flame,
Where blood-begotten spirits come
And all complexities of fury leave,
Dying into a dance,
An agony of trance,
An agony of flame that cannot singe a sleeve.

Astraddle on the dolphin's mire and blood,
Spirit after Spirit! The smithies break the flood.
The golden smithies of the Emperor!
Marbles of the dancing floor
Break bitter furies of complexity,
Those images that yet
Fresh images beget,
That dolphin-torn, that gong-tormented sea.

지옥의 닭과 같이 울부짖거나,
아니면 영원불변의 금속의 광휘 가운데서도
달빛에 초라해지긴 해도 큰소리로 비웃을 수 있다.
보통 새나 꽃잎
그리고 세속적인 인간의 오욕과 피에 서린 모든 복잡한 것들을.

한밤중 황제의 포장도로에 불길이 인다.
장작불로도, 쇠로 만든 등으로도 일으키지 않은,
폭풍에도 미동도 않는, 불꽃에서 일어난 불길,
그 불길 속에서 피로 태어난 정령이 돌아오고
온갖 복잡한 분노가 떠나가,
춤으로 녹아 사라진다.
몽환의 고뇌로,
소매도 그슬릴 수 없는 불길의 고뇌로.

돌고래의 체액과 피에 걸터탄
정령 그리고 정령들! 대장장이들이 홍수같이 밀려오는 그 정령들
　　을 부순다.
황제의 황금빛 대장장이들!
무도회장의 대리석으로
복잡한 쓰라린 분노를 부순다.
그 돌고래로 찢기고, 그 죽음의 종소리로 고통스러운 바다인,
아직 새로운 이미지들 잉태하는
그 이미지들을.

《해설》

이 시는 1930년 9월에 쓰여졌고, 『어쩌면 노랫말로』(*Words for Music Perhaps*, 1932)에 처음 수록되어 출판되었다.

예이츠는 1929년 가을 이탈리아의 라팔로(Rapallo)에서 파상열(malta fever)에 걸려 고생을 하다가 이 시 「비잔티움」과 「베로니카의 냅킨」("Veronica's Napkin")이라는 시를 쓰면서 극복하려는 의지를 보였다. 이 시는 "비잔티움에로의 항해"(Sailing to Byzantium)의 결과로 비잔티움이라는 도시에 도착한 상태에서 그 도시의 요모조모를 그려보고 있는 시이다. 따라서 이 시는 3년 전인 1927년에 쓰여진 「비잔티움에로의 항해」("Sailing to Byzantium")와 이어지는 연작시의 관점에서 같이 읽어야 할 것이다.

「비잔티움에로의 항해」에서는 화자가 자연에서 벗어나 황금 새의 모습을 지니고 싶어 하고 있었지만, 이 시 「비잔티움」에서는 황금 새가 직접 나타나고 무수한 죽은 영들이 돌고래 등을 타고 도착하여 실체를 지니지 않은 유령 같은 이미지로 등장하고 있다. 구체적으로 이 시 「비잔티움」에 대해 예이츠 자신은 1930년 시작 노트에서 다음과 같이 묘사할 대상을 나열하고 있다. "시의 주제: 친구의 죽음, 기독교의 천년왕국의 끝 무렵의 체제로 비잔티움을 묘사함. 걸어 다니는 미라. 길모퉁이마다 영혼이 정화되는 불꽃, 금 가지에 금박 입힌 노래하는 황금 새, 곡하는 죽은 자들을 등에 태워 부둣가에서 천국으로 데리고 가는 돌고래."

1925년에 쓰여지고 1937년에 개정된 『비전』(*A Vision*)에서, 예이츠는 고대 로마시대 저스티니안 황제(AD 527～565년 동안 치리)가 산타 소피아 성당을 설립하고 플라톤의 아카데미를 문 닫는 시기 바로 직전의 비잔티움 시대에서 한 달 정도 머무르고 싶다고 하였다. 그 이유는 바로 이 시기가 기록된 역사 가운데서 종교적, 미학적, 현실적 삶이

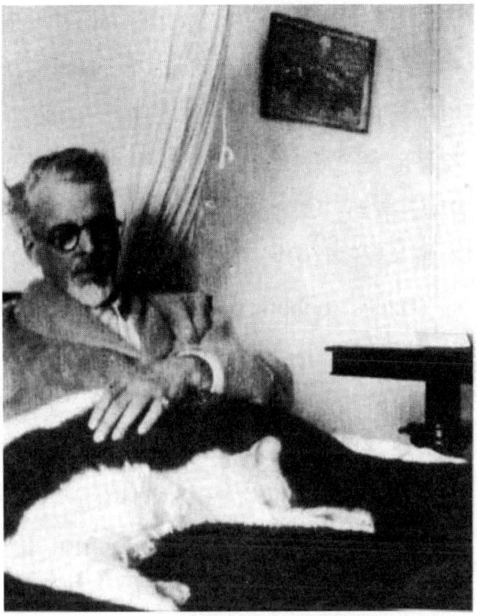

라팔로(Rapallo)에서 병상에 누워 있는 예이츠
(출처: Brenda Maddox. *George's Ghosts*. Picador. 1999)

하나가 되고 건축가와 예술가가 하나가 된 초기 비잔티움 시기였기 때문이라고 한다. 화가, 모자이크 장인, 금세공사, 성서 기록자와 삽화가(illuminator of sacred books)들이 모두가 개인적인 디자인을 생각지 않고 자신의 작업의 소재에 몰두하여 "전인간적인 비전"(the vision of a whole people)을 갖는 몰개성(impersonal)적인 특징을 지녔다고 예이츠는 설명하고 있다. 이 시 「비잔티움」은 바로 이러한 전인간적인 몰개성적인 비전의 구체적인 이미지를 묘사하고 있는 영혼의 세계에 관한 시라고 할 수 있다.

제1연에서 이 시는 비잔티움 도시의 가시적인 현실의 배경을 설정하고 있다. 비잔티움 도시의 한밤중. 낮 동안의 혼란한 이미지들이 사라지고, 술에 취한 황제의 군인들이 잠든다. 자정을 알리는 장엄한 소피아 성당의 종소리가 울린 후, 밤거리를 거니는 이들의 흥얼거리는 노랫소리가 메아리치며 사라지듯, 밤이 깊어간다.

제2연에서 화자는 "별빛"(starlit), "달빛"(moonlight)이 비추는 소피아 성당의 돔(the dome of Santa Sophia: 532～537년 사이에 비잔티움에서 건축됨)이 인간의 피에 흐르는 분노와 추한 욕망의 모든 인간적인 것들을 경멸하고 있다고 말하면서 인간세계와 영의 세계를 대비시키고 있다. 불현듯 화자의 눈앞에는 사람 같기도 하고 유령 같기도 한 초자연적인 미라의 이미지가 떠오른다. "수의로 감싼 이 미라의 지옥의 얼레"(Hades' bobbin bound in mummy-cloth)의 이미지는 지옥의 실체 아니면 죽음의 실체를 벗겨낼 수 있는 실마리가 될 수 있을지도 모른다고 화자는 생각한다. 아니 "지옥의 얼레"를 풀어 수의의 실타래를 벗겨 미라의 실체를 드러낼 수 있다는 가능성을 화자는 상상해 보고 있는 것이다. 화자는 이 초인의 이미지를 "죽음 가운데 삶, 그리고 삶 가운데 죽음"(death-in-life and life-in-death)이라 이름붙이며 삶과 죽음의 경계선에 있는 떠도는 연옥의 영혼들을 불러일으키는 과정을 그려 보고 있다.

제3연에서 이제는 "별이 비치는 금빛 가지 위에"(on the starlit golden bough) "금으로 만든 공예품인 황금 새"(bird or golden handiwork)가 보인다. 이 황금 새가 금세공품에 불과하긴 하지만, "기적"(Miracle)과도 같이 "지옥의 닭"(the cocks of Hades)과 같이 소리 내어 울부짖거나, 아니면 "달빛에 초라해지긴 해도"(by the moon embittered) 금의 본질인 "영원불변의 금속의 광휘"(In glory of changeless metal) 가운데서, "살아있는 새나 꽃잎, 세속적이고 인간적인 오욕과 피에 서린 모든 복잡한 것들"(Common bird or petal / And all complexities of mire or blood)을 비웃을 수 있다. 황금 새는 오히려 영의 세계에서 인간세계를 바라보는 기적의 주체가 되어 지옥과 천국의 영역의 경계선을 넘나들고 있다.

제4연에서 한밤중에 "장작불로도 지피지 않고 등불로도 키지 않은 불꽃이 폭풍에도 미동도 않은 채, 불꽃에서 일어난 불길"(Flames that no faggot feeds, nor steel has lit, / Nor storm disturbs, flames begotten of flame)로 “황제의 포장도로에 휙휙 날아다니는”(on the Emperor's pavement flit) 이미지를 화자는 그리고 있다. 인간세계에서 일으킨 불길이 아닌 불꽃에서 스스로 일어난 영의 세계의 불꽃의 불길 속에서, 새로운 생명으로 환생하는 “피로 태어난 정령”(blood-begotten spirits come)이 나타난다. 그리고 그들은 인간적인 “모든 복잡한 분노”(all complexities of fury)를 뒤로하고 “소매도 그슬릴 수 없는 불길”(flame that cannot singe a sleeve) 같은 유령의 세계에서와 같은 몽환(trance)의 고뇌의 춤으로 녹아 사라진다.

마지막 제5연에서 돌고래의 등에 탄 영들이 속속 도착하고, 황제의 황금세공사들이 홍수같이 밀려오는 그 영들을 무도회장의 대리석에 조각하면서 그 인간의 분노의 표상인 그 영들을 부순다. “그 돌고래로 찢기고, 그 죽음의 종소리로 고통스러운 바다”(That dolphin-torn, that gong-tormented sea)는 고통스리운 분노의 복합적인 “새로운 이미지들 잉태하는 그 이미지들”(Those images that yet / Fresh images beget)의 폭풍의 바다가 되어간다. 무도회장의 대리석을 부수며 새로운 이미지의 폭풍의 바다로 만드는 격렬한 금세공사의 대리석 조각 장면이다.

「비잔티움에로의 항해」와 「비잔티움」 두 편의 시 모두 공통적으로 완벽하고 영원한 예술의 도시에서의 인간 영혼의 완전성을 주제로 하고 있다. 「비잔티움에로의 항해」에서 단지 욕망하고 그려 보는 과정이었지만 「비잔티움」에서는 영원한 도시로 현재형으로 직접 들어가 체험하여, 영혼과 예술에서의 불변성과 초시간성을 결합함으로써 인간적인 것을 완전하게 변형시키고 있다는 점이다. 이른바 1927년의 시에서의 영혼에 대한 상상계와 1930년의 시에서의 영혼의 실재계의 차이가 두 편에 드러나고 있다. 요컨대 “비잔티움”은 영혼의 세계의 상상계가 아닌 실재계에서 영 속에 내재된 살아 있는 피의 복잡한 고뇌를 정화하는 과정을 보여주고 있다.

THE MOTHER OF GOD

The threefold terror of love, a fallen flare....

The threefold terror of love, a fallen flare
Through the hollow of an ear;
Wings beating about the room;
The terror of all terrors that I bore
The Heavens in my womb.

Had I not found content among the shows
Every common woman knows,
Chimney corner, garden walk,
Or rocky cistern where we tread the clothes
And gather all the talk?

What is this flesh I purchased with my pains,
This fallen star my milk sustains,
This love that makes my heart's blood stop
Or strikes a sudden chill into my bones
And bids my hair stand up?

신의 어머니

김영민

사랑에 대한 삼위(三位)의 공포,
귓전에 떨어진 섬광,
방안을 가득한 날갯짓,
나의 자궁에 천국을 수태하게 한 극단의 공포.

굴뚝 한 모퉁이, 정원의 산책로,
혹은 우리가 빨래를 밟으며
온갖 이야깃거리를 모으는 돌로 만든 우물같이,
보통 여자들이 모두 알고 있는 공공연한 장소에서,
그 수태 사실을 알게 되지 않았던가?

내 고통과 바꾼 이 살덩어리는 무엇인가?
나의 젖이 먹이고 있는 이 하늘에서 떨어진 별은?
나의 심장의 피를 멈추게 하고
나의 뼛속 깊이 갑작스런 전율을 일게 하며
나의 머리카락이 쭈뼛해지는 이 사랑은?

《해설》

이 시는 1931년 9월 3일에 쓰여지고 9월 12일에 마지막 수정되어 『어쩌면 노랫말로』에 처음 수록되어 출판되었다.

제1연의 첫 행에서 화자는 성처녀에 대한 하나님의 사랑의 성삼위일체인 성부, 성자, 성령의 사랑으로 나누어져 그에 대항적인(antithetical) 타자적 속성인 삼위의 공포를 제시하고 있다. 성경의 구약에서 심판의 하나님으로 나타났다면, 신약에서는 구원과 사랑의 하나님이 인간적인 모습의 예수로 나타났다고 할 수 있다. 그리고 보혜사 성령이 예수 그리스도의 십자가의 수난으로 인해 등장하게 되어 이른바 성부, 성자, 성령의 "삼위일체"(Trinity or threefold)를 구성한다. 성삼위일체의 기본 문맥은 사랑이다. 그러나 결혼 전에 남성과 관계를 맺지도 않고 신의 아들인 예수를 잉태하게 된 후 "신의 어머니"(Mother of God)가 될 인간 성처녀 마리아는 오히려 "사랑에 대한 삼위의 공포"(The threefold terror of love)를 느끼고 있다.

제1연의 나머지 행에서는 "귓전에 떨어진 섬광"(a fallen flare/ Through the hollow of an ear)과 "방안의 천사의 날갯짓소리"(Wings beating about the room), "나의 자궁에 천국이 수태되었다는 공포 중의 공포"(The terror of all terrors that I bore/ The Heavens in my womb)를 일인칭 화자(I)인 성처녀는 묘사하고 있다. 전해 내려오는 전설과 지식적 체험의 문맥에서 직접 보고 듣고 느끼는 인간의 감성의 우주적 공포를 제1연은 제시하고 있다. 예이츠의 시작 노트에 따르면, 성모 마리아의 수태고지(Annunciation)를 그린 비잔티움의 모자이크 그림에서, 별에서 내려온 선 하나가 성처녀의 귀에 연결되어 그 귀를 통해서 말씀을 듣자, 별이 하늘에서 떨어져서, 새 별이 성처녀의 자궁에서 탄생하는데, 이로 인해 성처녀는 곧 성모 마리아가 되었다고 한다. 윌리엄 블레이크(William Blake)가 그린 「수태고지」라는 그림에서도 가브리엘 천사가 육중한 독수리 날개를 그림 왼편에 활짝 펼치고 있는 모습을 그리고 있다. 성처녀 마리아가 자궁에 하늘에서 떨어진 별을 받아들여 수태하여 예수를 낳는 모습이 이 시의 문맥이다. 다만 화자 나(I)는 이 놀라운 기적적인 사건을 막연하고도 숭고한(sublime) 우주적 두려움(cosmic fear)으로 받아들이고 있는 것이다.

제2연에서 화자는 굴뚝 한 모퉁이 길, 정원의 산책로, 빨래터 우물가 등 여자들이 흔히 주변적 삶의 이야기와 가십거리를 나누는 공공연한 사회적 공간에서, 타인의 지적으로 자신이 수태한 사실에 대한 "내용"(content)을 알게 된 것에 대한 인간적인 의혹과 막연한 수치심, 그리고 공포심을 수사학적 의문(rhetorical question)의 형태로 드러내고 있다. 타자의 담론과 나의 실재에 대한 나의 무지 간의 간격을 나는 어떻게 메워야 하는가? 과연 나는 내가 발견한 이 사실을 어떻게 받아들여야 할 것인가? 화자는 자문함으로써 타자의 담론에 의한 사회적인 두려움(social dread)을 드러내고 있다.

제3연에서 화자는 자신의 몸의 변화에 민감하게 반응하면서 새로운 감각으로 낯설게 된 자신의 몸을 그리고 있다. "고통으로 산 살덩어리"(this flesh I purchased with my pains)로서의 태아, "자신의 젖으로 생명을 연명하는 하늘에서 떨어진 별"(This fallen star my milk sustains)인 태아, 이제는 "하나님의 사랑"(This love)의 결실이라고 깨닫기는 하지만 여전히 나의 심장의 피의 흐름을 멈추게 하고, 나의 뼛속의 골수까지 차갑게 때리며, 나의 머리카락을 곤두세우는 이 태아는 과연 그 실체가 무엇인가?라는 수사학적인 질문을 던지고 있다. 화자는 결국 "왜 나인가?"라는 공포 중의 공포인 삼위의 공포를 살덩어리, 별, 사랑이라는 세 가지 "삼위의 공포"(The threefold terror of love)의 환유적 실체(substance)를 제시함으로써, 사회적 두려움과 우주적 공포가 마치 두 개의 원추의 축처럼 서로 맞물리어 돌아가면서 개인의 내밀한 심리적 두려움 속에서 또 다른 우주적 공포(cosmic terror)로 변형되어 가고 있다. 인간이 지닐 수 있는 가장 극단적이고 극복할 수 없는 공포를 신의 어머니인 성모 마리아로 되기 전의 성처녀에게서 구체화하고 있는 것이다.

VACILLATION

I

Between extremities
Man runs his course;
A brand, or flaming breath,
Comes to destroy
All those antinomies
Of day and night;
The body calls it death,
The heart remorse.
But if these be right
What is joy?

II

A tree there is that from its topmost bough
Is half all glittering flame and half all green
Abounding foliage moistened with the dew;
And half is half and yet is all the scene;
And half and half consume what they renew.
And he that Attis' image hangs between
That staring fury and the blind lush leaf

출렁이는 마음

김철수

I

인간은 극단과 극단 사이에서
삶을 영위한다.
검 또는 불타는 숨결이
낮과 밤의
그 모든 모순들을
마침내 소멸시키지.
육체는 그걸 죽음이라 부르고
가슴은 그걸 회한(悔恨)이라 부르네.
그러나 그게 사실이라면
환희란 도대체 무얼까?

II

저기 한 그루 나무가 서 있네.
그 꼭대기 아래로
반은 온통 반짝이는 불길이고
반은 이슬 맺힌 초록 잎사귀들.
그리고 반은 반이면서 전경을 이루고
반과 반은 서로를 소생시키고
또 서로를 불태운다네.
광란에 사로잡힌 무리들의 시선과

May know not what he knows, but knows not grief.

III

Get all the gold and silver that you can,
Satisfy ambition, animate
The trivial days and ram them with the sun,
And yet upon these maxims meditate:
All women dote upon an idle man
Although their children need a rich estate;
No man has ever lived that had enough
Of children's gratitude or woman's love.

No longer in Lethean foliage caught
Begin the preparation for your death
And from the fortieth winter by that thought
Test every work of intellect or faith,
And everything that your own hands have wrought.
And call those works extravagance of breath
That are not suited for such men as come
Proud, open-eyed and laughing to the tomb.

눈먼 무성한 잎사귀들 사이에
아티스 상 걸어놓고 그걸 숭배하는 이들은
자기가 아는 게 무언지 알지 못하고
슬픔 또한 모르고 살아간다네.

III

금과 은을 수단껏 모으며
야망을 충족시키시라.
하찮은 나날들에 생기를 불어넣고,
그것을 햇빛으로 채우시라.
하지만 다음의 금언만은 잊지 마시기를.
뭇 여성들은 놈팡이에게 빠져 정신 못 차리고,
자식들은 재산이 많이 필요한데도,
자식들의 감사와 여인의 사랑 모두를
충족시킬 수 있는 사내란 흔치 않다네.

더 이상 레떼의 나뭇잎 속에 파묻혀 있지 말고
죽음에 대비하게. 마흔 번째 겨울이 오면
지성이나 신념이 일구어낸 모든 업적들을,
네 손으로 만들어낸 모든 일들을,
죽음에 비추어 다시 점검하게.
눈 부릅뜨고 껄껄 웃으며 무덤으로 향하는
그런 이들에게 어울리지 않는 모든 업적들을
호흡의 낭비라 부르게.

Ⅳ

My fiftieth year had come and gone,
I sat, a solitary man,
In a crowded London shop,
An open book and empty cup
On the marble table-top.

While on the shop and street I gazed
My body of a sudden blazed;
And twenty minutes more or less
It seemed, so great my happiness,
That I was blessed and could bless.

V

Although the summer Sunlight gild
Cloudy leafage of the sky,
Or wintry moonlight sink the field
In storm-scattered intricacy,
I cannot look thereon,
Responsibility so weighs me down.

Ⅳ

나의 쉰 번째 해가 다가왔다 지나가고,
외톨이인 나는,
북적이는 런던의 어느 찻집에 앉아 있었지,
대리석 탁자 위엔
펼쳐진 책과 빈 잔 하나.

가게와 거리를 멍하니 바라보고 있을 때
갑자기 내 몸이 달아올랐지.
이십여 분은 족히 되었으리라,
행복감에 흠뻑 젖어든 나머지 나는
축복받은 느낌이었고
그래서 축복할 수 있었네.

Ⅴ

여름 햇살이
구름 덮인 하늘의 나뭇잎들을
황금빛으로 물들이거나,
겨울 달빛이
폭풍으로 절묘하게 흩어진
들판을 잠기게 한들,
나는 그걸 바라볼 수 없네,
책임감이 날 짓누르기에.

Things said or done long years ago,
Or things I did not do or say
But thought that I might say or do,
Weigh me down, and not a day
But something is recalled,
My conscience or my vanity appalled.

VI

A rivery field spread out below,
An odour of the new-mown hay
In his nostrils, the great lord of Chou
Cried, casting off the mountain snow,
'Let all things pass away.'

Wheels by milk-white asses drawn
Where Babylon or Nineveh
Rose; some conquer drew rein
And cried to battle-weary men,
'Let all things pass away.'

From man's blood-sodden heart are sprung
Those branches of the night and day
Where the gaudy moon is hung.

여러 해 전에 한 말이나 행동
또는 말하지도 행하지도 않았지만
말이나 행동으로 옮기려 했던 일들이
이제와 날 짓누르누나.
무언가 회상하지 않고 지나치는 날이란
하루도 없다.
아, 내 양심과 허영심이 소름끼치네.

VI

아래로는 강 들판 펼쳐져 있고,
새로 벤 건초 내음 들이마시고
산의 눈 털어내며,
위대한 주공(周公)이 소리 지르네,
'모든 것 사라진들 어떠하리요.'

우윳빛 나귀들이 마차 끌고 가는 곳,
그곳에 바빌론 혹은 니네베 솟아올랐지.
어떤 정복자가 말고삐 휘어잡고
지친 병사들을 향해 소리지르네,
'모든 것 사라진들 어떠하리요.'

피에 젖은 인간의 심장에서
밤과 낮의 나뭇가지가 돋아나고,
거기에 번들거리는 달이 걸려 있네.

What's the meaning of all song?
'Let all things pass away.'

VII

The Soul. Seek out reality, leave things that seem.
The Heart. What, be a singer born and lack a theme?
The Soul. Isaiah's coal, what more can man desire?
The Heart. Struck dumb in the simplicity of fire!
The Soul. Look on that fire, salvation walks within.
The Heart. What theme had Homer but original sin?

VIII

Must we part, Von Hügel, though much alike, for we
Accept the miracles of the saints and honour sanctity?
The body of Saint Teresa lies undecayed in tomb,
Bathed in miraculous oil, sweet odours from it come,
Healing from its lettered slab. Those self-same hands
        perchance
Eternalised the body of a modern saint that once
Had scooped out Pharaoh's mummy. I — though heart
        might find relief
Did I become a Christian man and choose for my belief
What seems most welcome in the tomb — play a

모든 노래의 의미는 무엇인가?
'모든 것 사라진들 어떠하리요.'

Ⅶ

영혼: 실상(實像)을 추구하게, 허상(虛像)을 쫓지 말고.
마음: 뭐라고, 가객(歌客)으로 태어난 내가
　　노래 부를 주제도 없는 가객이 되라는 것이냐?
영혼: 이사야의 석탄불. 그 이상 무얼 더 바라겠나?
마음: 불길의 단순함 속에서는 말문이 막히지!
영혼: 저 불길을 보게. 저 안에 구원이 걸어간다네.
마음: 호머에게 원죄 말고 무슨 주제가 있었나?

Ⅷ

폰 휘겔, 우리 둘 다 성인들의 기석을 받아들이고 신성을 숭배하기에
닮은 점이 많긴 하네만, 이제 그만 해어져야 하지 않겠나?
테레사 성인의 시체는 기적의 성유에 흠뻑 젖은 채로
썩지 않고 무덤에 누워 있지. 거기에서 달콤한 향내음 피어오르고,
글자 새겨진 석판에서는 병고침의 기적이 나온다 하지.
옛날 이집트 황제의 창자를 떼내 미라를 만들었던 그 손이
어쩌면 우리시대 성인의 몸을 영원케 했을지도 모르지. 나는—
기독교 신자가 되어 무덤에서나 가장 환영받을 일을 신앙으로
　　선택한다면
마음에 위안이야 되겠지만—이미 운명 지워진 역할에 충실해야

pre-destined part.
Homer is my example and his unchristened heart.
The lion and the honeycomb, what has Scripture said?
So get you gone, Von Hügel, though with blessings on your
head.

《해설》

「출렁이는 마음」은 삶의 모든 국면에 편재하는 모순과 갈등이 우주적 차원으로까지 확대되고 있음을 보여주는 시이다. 주제적 측면에서나 수사와 구조의 측면에서 이 시는 일련의 대립적 요소들로 구성되어 있고, 그러한 요소들은 일견 아무런 관련도 없어 보이는 개별 서정시들을 긴밀하게 결속시키는 동시에 각 시편들을 팽팽한 긴장상태에 있게 한다. 여덟 편의 서정시편들로 구성된 이 연작시는 일련의 대립적 요소들을 매개로 환희의 근원과 환희의 의미를 묻는 것으로 시작된다.

내용이나 형식면에서 「자아와 영혼의 대화」("A Dialogue of Self and Soul")를 연상케 하는 Ⅶ편에서 시인은 모순을 초월하려는 시도가 과연 가치 있는 것인지 의문을 제기한다. 이사야의 석탄불 속에 구원이 있다는 '영혼'의 주장에 대해 '마음'은 "호머에게 원죄 말고 무슨 주제가 있었나?"고 되묻는다. 여기에서 '영혼'이 언급하는 불은 "이사야의 석탄불"(Isaiah's coal)로 천사가 하느님의 명령에 따라 이사야의 입술에 석탄불을 갖다대자 그의 죄가 정화되고 하느님의 음성이 들렸다 한다 (Isaiah vi 9). 이사야의 석탄불에 기대어 초월을 추구하라는 '영혼'의 권유에 '마음'은 인간존재의 불가피한 요소이자 예술의 진정한 주제는 "원죄"라며 초월을 통한 영혼의 구원을 거부한다. '마음'은 '무사'(Swordman)와 '성인'(Saint)의 역할 중에서 '무사'의 마스크를 선택하는 겠네.
호머가 나의 모범, 기독교 신앙에 물들지 않은 그의 마음이.
사자와 벌집, 성경은 그걸 어떻게 풀이했나?
그러니, 폰 휘겔, 그만 가보게, 그대 머리에 축복이 내릴지라도.

것이다. 「자아와 영혼의 대화」에서도 '자아'는 "죽음과 출산의 죄"(the crime of death and birth)에서 벗어나 구원을 모색하라는 '영혼'의 권유를 단호히 거부하고 "한 번 더 범죄 저지를 권리"(a charter to commit the crime once more)를 요구한 바 있다(VP 477-478). 즉, '자아'는 '영혼'이 약속하는 초월적 구원보다는 사랑과 전쟁, 죽음과 탄생, 낮과 밤의 이율배반적 대립과 갈등 속에서 인간적 권위의 원천을 발견하는 것이다.

Ⅷ편에서도 "마음과 영혼의 대화"가 같은 맥락에서 반복되면서 '영혼'의 주장에 대한 '마음'의 거부가 한층 더 개인적인 목소리로 공명을 일으킨다. 폰 휘겔(Friedrich Von Hügel)처럼 신비주의 사상에 이끌리면서도 기독교적 내세관에는 동조할 수 없었던 예이츠는 이제 "헤어지자"며 폰 휘겔에게 결별을 선언한다. 신성이나 영혼의 불멸을 추구하기보다는 기독교 사상에 물들지 않은 호머를 모범으로 삼아 시 창작에 임하겠다는 결의를 천명하는 것이다. 이 시편에서 특히 주목되는 수사적 장치는 간결한 문장을 가로질러 문장의 단순성을 방해하는 삽입구이다. 제7-9행의 삽입구는 대립과 갈등의 요소들이 팽팽한 긴장 상태로 존재하게 하는 유력한 방법으로서 시인은 자기가 거부하는 것을 규정하기 위해 이 수사적 장치를 이용한다. 이 삽입구는 선언적 문장을 양분하여 그 문장이 서술하는 상황과 대립되는 사회질서나 신념을 드러냄으로써 양자의 갈등을 극화하는 것이다. 올리비아 셰익스피어(Olivia Shakespear)

예이츠의 첫 연인이자 죽을 때까지 간직할 우정으로 맺어진 동반자였던 올리비아 셰익스피어
(출처: Brenda Maddox. *George's Ghosts*. Picador. 1999)

에게 보낸 편지에 Ⅶ편 초고를 보내면서 예이츠는 폰 휘겔이나 '영혼'이 제시하는 구원의 방식을 거부할 수밖에 없었던 이유를 Ⅶ편과 Ⅷ편의 갈등양식과 관련지어 이렇게 해명한 바 있다.

> 나는 이것이 성인의 선택이란 느낌을 갖게 됩니다(테레사 성인의 황홀, 간디의 미소 짓는 얼굴): 희극; 그리고 영웅적 선택: 비극(단테, 돈키호테). 영웅적으로 살되 기만당해서는 안 되겠지요. (어릿광대의 비극이어서는 안 되니까요) 하지만 나는 모든 기적들을 받아들인답니다. (Letters 790)

여기에서 예이츠는 희극을 "성인의 선택"이라고 규정하면서 테레사 성인이나 간디의 존재방식과 연결 짓고, 비극을 "영웅적 선택"이라고 규정하면서 단테나 돈키호테의 존재방식과 연결 짓고 있다. 그런데 희극과 비극, 성인과 비극적 주인공의 구분은 Ⅶ편과 Ⅷ편에서 대립의 형태로 제시된 "구원과 원죄"의 구분과 동일선상에 놓여 있다.

초월을 통한 구원의 기독교적 이상을 거부하고 마음 깊은 곳에서 우러나오는 시혼(詩魂)의 명령을 삶의 좌표로 채택함으로써 예이츠는 비극과 영웅주의의 필수요건인 세속의 모순과 갈등을 받아들이며, 그것을 초월하려는 어떠한 시도도 거부한다. “이사야의 석탄불”에 대립되는 “내재”의 은유로 그가 “사자와 벌집”을 동원하는 것도 사자의 시체에 둥지를 튼 벌집의 은유에는 존재의 이율배반적 모순이 내재되어 있기 때문이다(Judges v iv 14). 그렇다고 초월의 거부가 기독교적 이상의 전면적 부정을 의미하는 것은 아니다. 그는 모든 기독교적 기적들을 인정할 뿐만 아니라 비극이 생산되려면 “내재”에 대립되는 “초월”이 필연적으로 요구된다고 생각하였다.

폰 휘겔과 결별을 선언하는 마지막 시행에서 시인이 아쉬움과 망설임을 내비치는 것도(though with blessings on your head) 이런 맥락에서 이해될 수 있을 것이다. 『비전』(*A Vision*)에서도 오이디푸스와 그리스도의 관계는 “저울의 두 추, 시소의 양쪽 끝”(the two scales of a balance, the two butt-ends of a see-saw: Yeats 1937, 28-29)에 비유되고 있거니와, 희극과 비극, 성인과 비극의 주인공, 구원과 원죄의 관계도 같은 맥락에서 인식되고 있다.

그렇다면 예이츠의 비극론과 비극적 체험은 인간의 삶과 세계에 편재하는 모순대립을 예술의 근원적 요소로 인식하는 데서 출발한다. 시인과 영웅적인 인간이 체험하는 환희는 모순이 해결된 초월적 상황에서는 분출하지 않는다. 그것은 갈등이 지속되는 비극의 순간에, 호머가 “원죄”와 사투를 벌이거나 삼손이 터득한 “사자와 꿀벌”의 역설 속에서 예기치 않게 분출한다.

Ⅷ편에서 시인이 영혼과 자아, 영혼과 마음의 구분을 거부하는 것도 그런 구분이야말로 영혼으로 하여금 마음과 육체의 생존터전으로부터 초월적 세계로의 도피를 허용한다고 보기 때문이다. 그러므로 “비극적 황홀”(tragic joy or exultation)은 영혼에서 비롯될는지도 모르지만, 마음과 육체가 직면하는 갈등에 영혼이 적극적으로 참여할 때 한하여 강력

하게 분출한다고 하겠다.

"비극적인 것"을 대립의 상태와 동일시하고 "서정적인 것"을 대립의 부정과 동일시함으로써 예이츠는 자기 서정시들이 비극적 서정시로 이해되어야 하는 근거를 마련한다. 단순히 서정적이기만 한 것에 대한 예이츠의 부정은 「내 작품 이해를 위한 전반적 길잡이」("A General Introduction for My Work", 1937)에서 그가 토머스 데이비스(Thomas Davis)를 비롯한 '젊은 아일랜드'(Young Ireland)를 지향했던 시인들을 호의적으로 평가하는 데서도 분명해진다. 그가 그들의 시는 좋은 시가 못 된다고 폄하하면서도 그들을 존경했던 이유는 그들이 "분리된 개인"으로서가 아닌 공동체의 일원으로서 공동체의 결속을 열망하며 민중시를 썼기 때문이다(EI 510).

예이츠가 서정적인 것을 부정하는 것도 근대 이후 인간의 삶을 지배하게 된 개인주의를 부정하는 데서 비롯되었다. 현대사회에서 개인주의가 개인과 개인을 분리시키고 전통과 단절된 무수한 개인들을 양산하듯이, 단순히 서정적이기만 한 것은 "대극적 것으로부터 분리된 이상"을 제시함으로써 분리된 개인들을 감옥과도 같은 견고한 장막으로 감싼다.

이런 맥락에서 볼 때 대립적 요소들로 구성되는 예이츠의 모순과 갈등의 수사는 그의 서정시를 비극의 차원으로 격상시킨다고 평가해도 좋을 것이다.

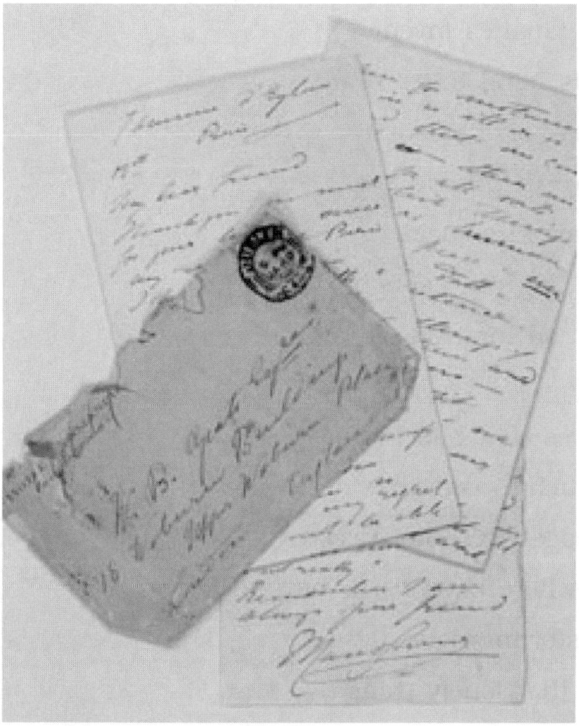

예이츠의 편지
(출처: www.new.emory.edu/Releases/YeatsandGonne1044)

QUARREL IN OLD AGE

Where had her sweetness gone?
What fanatics invent
In this blind bitter town,
Fantasy or incident
Not worth thinking of,
Put her in a rage.
I had forgiven enough
That had forgiven old age.

All lives that had lived;
So much is certain;
Old sages were not deceived:
Somewhere beyond the curtain
Of distorting days
Lives that lonely thing
That shone before these eyes
Targeted, trod like Spring.

노령의 싸움

곽상종

그녀의 아름다움은 어디로 갔는가?
이 눈먼 쓰디쓴 도시에
열광이 자아낸 것은 무엇인지,
환영이나 분쟁은
생각할 가치조차 없다해도,
그녀를 노엽게 했노라.
나의 용서는 충분했고
노령도 그러했노라.

살아온 모든 생명들,
그만큼은 확실한 것이라
옛 선인들은 기만당하지 않았고
장막 뒤 어딘가에서
왜곡된 나날들 속에서
그 외로운 존재는 살고 있고
이 두 눈앞에서 빛나며
초점을 맞추고 봄처럼 걸었노라.

《해설》

이 시는 예이츠 시에서 빈번히 다루어지는 소재들 중의 하나인 '노령'을 소재로 하고 있다. '노령의 싸움'은 '아름다움'이나, '환영'이나 '분쟁'이 아닌 '봄처럼 걷는 것'이며 '생명'의 확신임을 노래하고 있다. 시어들은 제1연에서의 '아름다움'과 '열광', 그리고 '분쟁'과 같은 젊은 시절의 '쓰디쓴 도시'풍의 '눈먼 환영'에서 시작되어, 제2연의 '생명'과 '선인', 그리고 '봄'과 같은 시어에서 함축되는 '왜곡된 나날들'의 '삶의 장막' 뒤에서 '살아온 모든 생명들'을 확신을 가지고 노래한다.

이 시는 또한 예이츠 시의 사랑의 시편들에서 노래되었던 아름다움이 사라지고 쓰디쓴 도시에서 열광과 환영, 그리고 분쟁으로 인해 노여움에 빠지게 된 한탄과 동시에 생명의 확신을 지성적으로 노래하고 있다.

첫 연의 1행에서 각운 즉, 유성 양순 비음 [n]이 길게 이어지다가 2행의 각운, 무성 파열 치찰음 [t]이 한숨 섞인 소리효과를 내며 3행, 4행의 각운으로 반복되어 아름다운 운율을 만들어 내고 시감을 시의 주제에 일치시킨다. 5행의 각운이 무성 순치음 [f]으로 바뀌고 6행의 각운이 유성 성문음 [g]으로 바뀌면서 시감이 더욱 깊어진다.

두 번째 연의 1행과 3행에서 구개음 [d]의 각운과, 2행과 4행의 각운 [n], 5행과 7행의 [z], 6행과 8행의 [ŋ]이 반복되면서 시의 리듬을 만들어 시상을 더욱 강하게 해준다. 특히 1연의 회고와 한탄조의 시감이 반복되는 무성음으로 각운 처리되어 전개되는 반면에, 제2연의 각운들은 유성음화되어 소리가 더욱 강하고 풍부해짐으로써 봄과 같은 생명의 확신을 다짐하는 듯한 시감을 전해 준다.

모드 곤의 젊은 시절 모습
(출처: Micheál Mac Liammóir and Eavan Boland. *W. B. Yeats*. Thames and Hudson. 1998. p. 39)

THE RESULTS OF THOUGHT

Acquaintance; companion;[1)]
One dear brilliant woman;[2)]
The best-endowed, the elect,
All by their youth undone,
All, all, by that inhuman
Bitter glory wrecked.

But I have straightened out
Ruin, wreck and wrack;
I toiled long years and at length
Came to so deep a thought
I can summon back
All their wholesome strength.

What images are these
That turn dull-eyed away,
Or Shift Time's filthy load,
Straighten aged knees,
Hesitate or stay?
What heads shake or nod?

---

1) companion은 셰익스피어 부인(Mrs. Shakespear)이다.
2) One dear brilliant woman은 레이디 그레고리이다.

사유의 결과

고준석

아는 사람. 벗.[1)]
재기가 넘쳐나는 사랑스런 여인.[2)]
가장 많이 기부 받은 사람들, 선택받은 사람들,
그들이 젊음시절 동안에 한 모든 업적은 파멸되고,
모든, 모든 것은 그러한 잔인함에 의해서
쓰라린 영광으로 파괴되었지.

하지만 나는 회복시켰지
몰락, 파멸, 파괴를.
나는 오랫동안 힘겨웠지
그리고 마침내 아주 깊은 사유에 이르렀기에
나는 불러낼 수 있지
그들의 모든 유익한 힘을.

이런 것들은 어떠한 이미지들인가
몽롱한 눈빛으로 외면해 버리고,
혹은 시간의 더러운 짐을 떠넘기고,
노쇠한 무릎을 바로 세워,
주저하거나 머무르겠지?
어떤 사람들은 거부하겠지 아니면 수긍하든지?

《해설》

예이츠는 「사유의 결과」라는 시를 1931년 8월 18~28일 사이에 집필한 것으로 알려졌다. 이 시는 예이츠가 젊은 시절에 만났던 친구들을 회상하는 시이다.

제1연에서 예이츠는 친구들과 연인들의 현재의 몰락을 그들의 젊은 시절의 활동과 대조시키면서 명상을 통해서 "그러한 잔인함에 의해서 쓰라린 영광"으로 그들의 젊음이 파괴된 이미지들을 환기시킨다. 그는 "all"이라는 낱말을 반복시켜 "쓰라린 영광"(bitter glory)의 의미를 강조하기 위하여 모순어법(oxymoron)을 사용했다.

제2연에서 예이츠는 "깊은 사유에 이르렀기에" 그들의 젊은 시절의 "유익한 힘"을 불러내어 친구들과 연인들의 현재의 "몰락, 파멸, 파괴"를 마침내 회복하려는 의지를 갖고 희망과 기대감을 불어넣고 있다.

제3연에서 예이츠는 현재의 노쇠한 그의 친구들과 연인들의 모습을 무가치한 것으로 여기고, 심지어 그들의 모습조차 뇌리에서 지워버리고 싶어 한다. 이렇듯 시간의 덧없음을 아쉬워하면서 현실을 극복하려는 시인의 강렬한 의지는 독자에게 잔잔한 감동을 느끼게 한다.

요컨대 예이츠는 「사유의 결과」에서 그가 그리워했던 친구들과 연인들의 젊의 시절의 이미지들을 되살려 이제 그들의 노쇠한 육체들에 "건전한 힘"을 다시 소생시키려는 시인의 애틋한 서정성이 배어 있다. 게다가 이 시는 예이츠의 반 아일랜드 정서가 짙은 시로서 한때의 놀라움과 공포, 그리고 괴로웠던 기억들을 조심스럽게 담아내고 있다.

레이디 그레고리
(출처: Catherine Fahy. *W. B. Yeats and his Circle*. The National Library Ireland. 1989. p. 32)

GRATITUDE TO THE UNKNOWN INSTRUCTORS

What they[1] undertook to do
They brought to pass;
All things hang like a drop of dew
Upon a blade of grass.

---

1) they: 『비전』(*A Vision*)의 전달자들이다. 예이츠는 『비전』의 도입부에서 1917년 10월 24날 그의 아내가 자동기술을 실행함으로써 그를 얼마나 놀라게 하였는가를 설명하였다.

나는 체계가 서지 않은 문장에서, 거의 판독하기 어려운 이야기를 듣는 것이 매우 흥미롭기도 하고, 때로는 아주 심오하여서 미지의 전달자에게 매일 한 두시간정도 시간을 내어주도록 그녀(아내)에게 설득하였고, 6시간이 지난 후에 그러한 모든 산만한 문장들을 설명하고 이어 맞추는 시간을 보내자고 제안하였다. "아니요"라고 전달자가 대답하였다. "우리는 당신에게 시에 필요한 은유를 주기 위하여 왔다." (V 8)

1919년 초에 그 당시의 전달자는－그들은 지속적으로 다른 모습을 취했다－그들이 그녀(아내)를 덜 지치게 하기 위하여 문어체에서 구어체로 서술방식을 곧 바로 바꿀 것이라고 말했다. 하지만 그러한 변화는 몇 달 동안 일어나지 않았다. (V 9)

일어났던 많은 것, 이야기 되었던 많은 것은 전달자들이 나의 아내, 내 자신, 때때로 그 밖의 다른 사람들과 함께 공유했던 꿈속에 등장한 인물들임을 암시하고 있다. (V 22-23)

미지의 전달자들에게 보은의 마음

고준석

그들이 행동하려고 한 것을[1]
그들은 해냈다.
모든 것은 이슬방울처럼 맺혀 있다
풀잎에.

《해설》

예이츠가 「미지의 전달자들에게 보은의 마음」의 집필 시기를 정확하게 설명하지는 않았지만, 이 시는 『어쩌면 노랫말로』에 처음으로 등장하였다. 그는 「미지의 전달자들에게 보은의 마음」에서 그의 전달자들에게 정중하게 감사한다. 그리고 그는 이 시를 통해서, 아내의 입을 통해서 전달한 『비전』(*A Vision*)의 전달자들인 그러한 영혼들에게 예이츠의 빚을 갚는다.

REMORSE FOR INTEMPERATE SPEECH

I ranted to the knave and fool,
But outgrew that school,
Would transform the part,
Fit audience found, but cannot rule
My fanatic heart.

I sought my betters: though in each
Fine manners, liberal speech,
Turn hatred into sport,
Nothing said or done can reach
My fanatic heart.

Out of Ireland have we come.
Great hatred, little room,
Maimed us at the start.
I carry from my mother's womb
A fanatic heart.

무절제한 말의 후회

김재봉

악당과 멍청이에게 호통을 쳐댔지만,
나 그 방식을 벗어났고,
그런 역할은 바꾸려 하네.
온당한 독자를 발견했어도, 제어할 수는 없네
내 열정적 마음을.

훌륭한 분들을 따랐네. 한분 한분의
기품 있는 태도, 관대한 말씀이
증오를 농담으로 바꾸지만
어떤 말과 행동도 움직일 수 없네
내 열정적 마음을.

아일랜드에서 우리는 왔네
거대한 증오, 옹색한 여유는
처음부터 우리를 망쳐 놓았네.
모태에서부터 가지고 나왔네
내 열정적 마음을.

《해설》

나는 체계가 서지 않은 문장에서, 거의 판독하기 어려운 이야기를 듣는 것이 매우 흥미롭기도 하고, 때로는 아주 심오하여서 미지의 전달자에게 매일 한두 시간 정도 시간을 내어주도록 그녀(아내)에게 설득하였고, 6시간이 지난 후에 그러한 모든 산만한 문장들을 설명하고 이어 맞추는 시간을 보내자고 제안하였다. "아니요"라고 전달자가 대답하였다. "우리는 당신에게 시에 필요한 은유를 주기 위하여 왔다." (V 8)

1919년 초에 그 당시의 전달자는 — 그들은 지속적으로 다른 모습을 취했다 — 그들이 그녀(아내)를 덜 지치게 하기 위하여 문어체에서 구어체로 서술방식을 곧바로 바꿀 것이라고 말했다. 하지만 그러한 변화는 몇 달 동안 일어나지 않았다. (V 9)

일어났던 많은 것, 이야기되었던 많은 것은 전달자들이 나의 아내, 내 자신, 때때로 그 밖의 다른 사람들과 함께 공유했던 꿈속에 등장한 인물들임을 암시하고 있다. (V 22-23)

1917년에 예이츠와 결혼한
조지 하이드-리즈(George Hyde-Lees)
(출처: Micheál Mac Liammóir and Eavan Boland. *W. B. Yeats*. Thames and Hudson. 1998. p. 91)

1923년의 예이츠
(출처: Micheál Mac Liammóir and Eavan Boland. *W. B. Yeats*. Thames and Hudson. 1998. p. 98)

다시 한 번 예이츠 문학 경력의 축소판을 제공하는 시이다. 젊은 시절의 시는 인기를 구하는 배우처럼 호통을 치는 것이었다. 그러다 자신의 역할을 바꾸려 결심하고 주변의 앞선 이들에게서 진정한 독자를 알아보게 된다. 그럼에도 아일랜드는 자신을 망가뜨려 놓았다. 그는 시인의 길을 걷도록 예정된 것이다. 스스로 삶을 꾸려나가려는 노력에도 불구하고 '열정적 마음'이 자신의 진로를 결정짓는다.

첫 연은 자신보다 못한 험악하고 어리석은 이들에게 큰 소리로 훈계하곤 했으나 이제 그 태도를 버리고 역할을 바꾸었다. 제대로 식견을 가진 독자를 만났지만 여전히 자신의 열정이 이글거리는 심정을 제어하지는 못하겠다고 하소연하고 있다. 첫 행의 '악당과 멍청이들'은 젊은 시절 민족주의적 격정을 표출한 작품을 난폭하고 못난 일로 비유한 것이고 '온당한 독자'는 그 후에 만난 레이디 그레고리와 다른 문우들과의 교류를 암시한다.

둘째 연은 훌륭한 선배들을 추종하여 그분들 각자의 예의범절과 말에서 사람의 감정을 바꿀 수도 있는 좋은 점들을 배웠지만, 그분들의 언행도 여전히 자신의 '열정적 마음'을 감동시킬 수는 없다고 주장한다.

셋째 연은 아일랜드 출신으로서의 증오심과 옹졸함이 처음부터 자신들을 망쳐 놓았고 모태에서부터 그 발광할 듯한 문학적 열정을 갖고 태어났다고 외친다. 반복되는 '열정적 마음'은 시인의 시를 향한 열정과 시적 감성을 아우르는 표현으로 여겨진다.

STREAM AND SUN AT GLENDALOUGH

Through intricate motions ran
Stream and gliding sun
And all my heart seemed gay:
Some stupid thing that I had done
Made my attention stray.

Repentance keeps my heart impure;
But what am I that dare
Fancy that I can
Better conduct myself or have more
Sense than a common man?

What motion of the sun or stream
Or eyelid shot the gleam
That pierced my body through?
What made me live like these that seem
Self-born, born anew?

글렌다록의 시내와 해

김재봉

어지러운 움직임으로
시냇물과 매끄럽게 운행하는 해가 달리고
내 온 마음은 즐거운 듯했네.
내가 저질렀던 어리석은 일이
주의력을 흐트러뜨렸네.

후회로 내 마음은 혼탁해지네.
그런데 더 잘 처신할 수 있고
보통 사람보다 더 분별력을 가질 수 있다고
감히 상상하는
나는 누구인가?

해나 시내나 눈꺼풀의
어떤 동작이 내 몸을 꿰뚫고 지나간
저 섬광을 쏘았는가?
무엇이 나로 하여금
스스로 태어난, 새로이 태어난 듯한
이들처럼 살게 만들었는가?

《해설》

이 시는 위크로우에 있는 이졸트 곤(Iseult Gonne) 부부의 양계장에서 잠시 체류한 산물이다. 자연을 표상하는 시내와 해는 그의 마음을 기쁘게 한다. 그러나 자신이 한때 저질렀던 '어리석은 일', 지금 행복한 가정을 꾸리고 있는 이졸트에게 한 어리석은 청혼이 자신이 즐거움을 갖는 것을 막는다. 비록 후회가 마음을 어지럽히지만, 자신이 격상되고 고조되는 느낌, 그 기쁨의 추억은 마치 「출렁이는 마음」("Vacillation")의 4부에 그려진 '번잡한 런던 점포'에서의 희열의 순간처럼 자신에게 '스스로 태어난, 새로이 태어난' 영혼들과의 유대감을 준다. 인간의 육체라는 굴레에도 불구하고 직관의 순간은 영원한 존재들과 교감하게 하는 것이다. 마지막 연의 '섬광'이 정신적 변신을 주는 매개체이다.

사춘기의 이졸트 곤
(출처: Brenda Maddox. *George's Ghosts*. Picador. 1999)

□ 시집 □

『어쩌면 노랫말로』

Words for Music Perhaps

I. CRAZY JANE AND THE BISHOP

Bring me to the blasted oak[1]
That I, midnight upon the stroke,
(All find safety in the tomb.)
May call down curses on his head
Because of my dear Jack that's dead.
Coxcomb was the least he said:
The solid man and the coxcomb.

Nor was he Bishop when his ban
Banished Jack the Journeyman,
(All find safety in the tomb.)
Nor so much as parish priest,
Yet he, an old book in his fist,
Cried that we lived like beast and beast:
The solid man and the coxcomb.

The Bishop has a skin, God knows,
Wrinkled like the foot of a goose,
(All find safety in the tomb.)
Nor can he hide in holy black

---

1) the blasted oak: 이것은 *MS* 초판에서는 '예배당의 벽'(the chapel wall)을 의미하였다. 그런데 여기서는 '더 이상 옹골차지 않은 주교'를 가리킨다. 한편 마지막 연의 "bids me to the oak"에서는 잭과 미친 제인의 사랑의 피난처임이 암시된다.

I. 미친 제인과 주교

홍성숙

무너진 참나무로 날 데려가요
그리하여 한밤중 정각에
(모두 무덤에선 안전하지.)
지금은 죽어 없는 내 사랑 잭 때문에
나 그의 머리 위로 저주를 불러내도록
기껏해야 그는 얼간이라 말했지.
옹골찬 인간과 얼간이.

그의 파문이
날품팔이 잭을 추방시켰을 때
결코 그는 주교가 아니었지.
(모두 무덤에선 안전하지.)
결코 그 교구의 목사조차도 아니었지.
그러나 그는, 주먹 속에 낡은 책 한 권 들고
외쳤지. 우린 짐승과 짐승처럼 살았다고.
옹골찬 인간과 얼간이

신도 알고계시지. 그 주교가
거위 발처럼 쭈그렁 피부를 가진 것을
(모두 무덤에선 안전하지.)
결코 그는 신성한 검은 망토 속에
그 해오라기 같은 굽은 등을 숨길 수 없지.

The heron's hunch upon his back,
But a birch-tree stood my Jack:
The solid man and the coxcomb.

Jack had my virginity,
And bids me to the oak, for he
(All find safety in the tomb.)
Wanders out into the night
And there is shelter under it,
But should that other come, I spit:
The solid man and the coxcomb.

《해설》

『어쩌면 노랫말로와 기타 시편들』(*Words for Music Perhaps and Other Poems*)에 실린 이 시는 1929년 3월 2일에 썼지만 1930년 11월 12일 『뉴 리퍼블릭』(*the New Republic*)지에 처음 등장했다. 원 제목은 「상처받은 메리와 주교」였다. 비평가 제파즈는 이 시에 등장한 미친 제인은 골웨이(Galway) 고트(Gort) 근처에 살았던 메리를 모델로 했을 것이며 또 다른 출처로는 1775~1818년의 매튜 그레고리 루이스(Mattew Gregory Lewis)의 민요시 「미친 제인」("Crazy Jane")을 지목했다.

이 밖에 날품팔이 잭의 출처에 대해서 제파즈는 엘만(Ellmann)의 말을 인용하면서 예이츠가 1902년 그의 『스프 단지』(*the Pot of Broth*)란 연극에서 날품팔이 잭을 등장시킨 것은 같은 해 공연된 레이디 그레고리 연극 『지는 게임』(*The Losing Game*)을 본 데서 나온 것일 수 있다고 언급하였다. 그리고 제파즈는 또 하나의 가능한 출처로 앵글로 아이리시 민요, 「방랑하는 날품팔이」("The Roving Journey Man")를 지목했다.

그러나 한 그루 자작나무가 내 잭을 일으켜 세웠지.
옹골찬 인간과 얼간이.

잭은 내 처녀성을 갔지,
이제 날 그 참나무로 초대하네, 그는
(모든 이 무덤 에서 안전을 얻지)
밤 속을 떠돌아다니고
그 아래에 피난처 있기에,
그러나 그 다른 이가 온다면 난 침 뱉으리.
옹골찬 인간과, 얼간이.

이 시에서 암시되는 것은 미친 제인, 주교, 잭의 삼각관계다. 이 시의 첫째 연에서 화자인 미친 제인은 잭을 죽인 주교에게 저주를 내릴 것을 이야기한다. 둘째 연에서도 미친 제인은 사랑을 질투하여 잭과 그녀를 짐승이라 말했던 주교를 "성지자라기보다 위선자였으며 그의 성경책은 사랑을 전파하기보다 단지 낡아빠진 책에 불과하다."고 원망한다. 셋째 연에서는 악한인 주교의 쭈글쭈글한 외모와 생명력에 차 있는 잭의 팽팽한 외모가 대조되어 나타난다. 넷째 연에는 그녀의 처녀성을 차지했던 죽은 잭에 대한 그리움이 "이제 날 그 참나무로 초대하네."라는 제인의 말로 암시된다.

이 시는 다음과 같은 특징을 지닌다. 그 하나가 '남근 생명력'이 이미지와 주제로 부각된 점이며 또 하나는 인물이 간결하지만 상징성을 띠고 반어적으로 그려진 점이다. 그 예로 제인의 처녀성을 차지한 잭이 자작나무로, 다중인격자 주교는 기형아 꼽추로 묘사되면서 옹골찼던 주교가 바보가 되고 비난받던 잭이 옹골찬 이가 될 가능성을 시사하였다.

Ⅱ. CRAZY JANE REPROVED

I care not what the sailors say:
All those dreadful thunder-stones,
All that storm that blots the day
Can but show that Heaven yawns;[1]
Great Europa played the fool[2]
That changed a lover for a bull.
Fol de rol, fol de rol.

To round that shell's elaborate whorl,
Adorning every secret track
With the delicate mother-of-pearl,
Made the joints of Heaven crack:
So never hang your heart upon
A roaring, ranting journeyman.
Fol de rol, fol de rol.

---

1) All those dreadful thunder-stones, / All that storm that blots the day / Can but show that Heaven yawns: 이 부분은 「파넬 후의 아일랜드」란 글에서 나온 것인데 미친 제인을 연인으로 선택하는 과정에서 비난이 있었음이 암시된다.

Ⅱ. 미친 제인 비난받네

홍성숙

난 선원들의 말에 귀 기울이지 않으리.
그 모든 무서운 뇌석(雷石)들과
그날을 얼룩지게 한 그 모든 폭풍우는
단지 하늘이 하품하는 것을 보여줄 따름이지.[1)]
위대한 유로파는 자신의 연인을[2)]
황소로 바꾸는 어리석은 짓을 했다네.
헛소리, 헛소리

우아한 진주층으로
모든 비밀 통로를 장식하면서
조가비의 정교한 나선을 휘감는 일은
하늘의 접합부분을 금가게 했다네.
그러니 고함치고, 호통 치는 한 날품팔이에게
결코 네 마음 의지하지마
헛소리, 헛소리

---

2) "Great Europa": 유로파는 타이어(Tyre) 왕국의 왕 아그노(Agenor)의 딸로서 그녀에게 반한 제우스는 황소의 모습으로 다가와 그녀를 크레테(Crete) 섬으로 납치해 간다. 거기서 그녀는 미노스(Minos), 사페돈(Sarpedon) 그리고 라다맨더스(Rhadamanthus)의 엄마가 된다.

《해설》

이 시의 화자 'I'는 주교이고 상대방 'You'는 미친 제인이다. 1연에는 타인의 말에 귀 기울일 필요가 없을 정도로 미친 제인에 대한 주교의 사랑이 행복한 것임이 표현된다. 그러나 같은 연에서 "유로파"로 비유된 미친 제인이 "황소"로 비유된 잭을 사랑하고 있어 주교는 이점 때문에 제인을 비난한다.

둘째 연은 미친 제인과 주교의 성 행위가 묘사된 것으로 주교가 제인과의 성 관계에 매우 흡족해 있음이 암시된다. 그러나 후반부로 오면 첫째 연에서처럼 미친 제인이 여전히 열정적인 잭을 사랑하고 있으므로 해서 주교는 제인을 비난한다.

이 시의 특징은 열정적인 날품팔이 잭을 "황소"에, "유로파"를 미친 제인에 비유하는 신화적 기법을 사용했다든지 성 행위를 "조가비", "진주층"같이 우아한 용어로 암시한 점에 있다. 미친 제인이 주교로부터 비난받는 것은 고함치고 호통 치는 날품팔이에게 마음을 주었기 때문이다. 이 시는 예이츠 자신이 고백했던 "더러운 누더기" 같은 욕망으로 가득 찬 그의 말기에 대한 예고편일 수 있다.

캐롤린 와츠(Caroline Watts)의 나팔 부는 소녀
(출처: Elizabeth Butler Cullingford. *Gender and history in Yeats's love poetry*. Cambridge University Press. 1995. p. 80)

Ⅲ. CRAZY JANE ON THE DAY OF JUDGMENT

'Love is all
Unsatisfied
That cannot take the whole
Body and soul';
And that is what Jane said.

'Take the sour
If you take me
I can scoff and lour
And scold for an hour.'
'That's certainly the case,' said he.

'Naked I lay,
The grass my bed;
Naked and hidden away,
That black day';
And that is what Jane said.

'What can be shown?
What true love be?
All could be known or shown
If Time were but gone.'

Ⅲ. 미친 제인의 최후의 심판일

최희섭

‘사랑이란
육체와 영혼
전체를 취하지 않으면
전혀 만족스럽지 못해’
라고 제인이 말했다.

‘고난을 받아들여
네가 나를 맞으면
나는 비웃고 인상 쓰며
한 시간은 책망할거야.’
그가 대답했다, “그건 확실히 그래.”

‘벌거벗고 나는 누웠어,
풀이 침대였고,
벌거벗고 숨겨졌지,
그 암담한 날에’
라고 제인이 말했다.

‘보일 수 있는 게 무어야?
진정한 사랑이 무어야?
시간이 사라지지 않으면
모두 알려지고 보일 텐데.’

'That's certainly the case,' said he.

《해설》

「미친 제인의 최후의 심판일」이라는 제목으로 되어 있는 이 작품은 짧은 행을 사용하여 진행이 빠르게 되어 있다. 5행연 4개로 이루어져 있으며, 나름대로의 운율을 엄격하게 유직하고 있다. 첫 행과 둘째 행은 2음보를 주조로 삼고 있으며, 3행과 5행은 3음보를 주조로 삼고 있다. 각운 형식은 abaab 형식을 취하고 있어 나름대로 정형률을 지키고 있음을 알 수 있다.

익히 알려져 있다시피 예이츠는 미친 제인을 통하여 영혼과 육체가 따로 떨어져 있어서는 가치가 없고 하나로 합쳐질 때에만 가치가 있다는 생각을 표현하고 있다. 이는 예이츠 사상에 있어서 영혼과 육체의 이원론의 핵심으로 발전하는 내용이다. 이 작품에서는 영혼과 육체가 서로 별개의 것이 아니며 상호 보완적인 역할을 하며 하나로 통합될 때 가치가 있다는 생각을 보여주고 있다. 대화체 형식으로 되어 있는 이 작품은 제인이 주로 이야기하며 상대방은 제인의 이야기를 긍정하는 대답을 할 뿐이다.

첫 연에서 사랑은 영혼과 육체 모두로 이루어지는 것임을 선언하며 영혼과 육체를 하나로 받아들일 때 진정한 사랑으로서 가치가 있음을 제인이 밝힌다.

둘째 연에서 제인은 삶이란 영혼만으로 이루어지는 것이 아니라 육체가 있음으로 이루어지며, 육체적인 삶에는 고난이 있을 수밖에 없음을 선언한다. 그러자 사랑의 상대방도 그 점을 긍정한다.

그가 대답했다, "그건 확실히 그래."

셋째 연에서 제인은 들에서 육체적인 사랑을 나누는 자신의 모습을 묘사하며 그날이 푸른 꿈이 사라지는 암담한 날이었음을 이야기한다. 넷째 연에서 제인은 보이는 것과 보이지 않는 것, 육체와 영혼의 문제를 다시 제기하며, 삶이 시간의 구속을 받고 있음을 말한다. 진정한 사랑이란 보이는 것과 보이지 않는 것, 즉 육체와 영혼이 통합될 때 이루어지는 것이며, 모든 것이 시간에 속박되어 있다는 사실을 밝힌다. 삶 자체가 시간에 속박되어 있으므로 사랑도 시간의 속박에서 벗어날 수 없는 것이다. 제인의 이러한 이야기에 사랑의 상대방도 긍정하는 것으로 이 작품은 끝난다.

얼핏 보아 육체적인 사랑을 찬미하는 것처럼 보이는 이 작품은 예이츠의 육체와 영혼을 구분하는 이원론을 여실히 보여주고 있다. 그렇지만 육체만으로 존재할 수 없고, 영혼만으로도 존재할 수 없으므로 영혼과 육체가 결합될 때 완전한 삶, 완전한 사랑이 있을 수 있다. 구태여 일원론, 이원론을 구분할 것이 아니라 우리가 육체와 영혼을 이분법적으로 구분하지만, 이 둘이 통합될 때 가치가 있다는 존재의 통일(Unity of Being)에 관한 생각을 예이츠는 이 작품에서 보여주고 있다.

Ⅳ. CRAZY JANE AND JACK THE JOURNEYMAN

I know, although when looks meet
I tremble to the bone,
The more I leave the door unlatched
The sooner love is gone,
For love is but a skein unwound
Between the dark and dawn.

A lonely ghost the ghost is
That to God shall come;
I — love's skein upon the ground,
My body in the tomb —
Shall leap into the light lost
In my mother's womb.

But were I left to lie alone
In an empty bed,
The skein so bound us ghost to ghost
When he turned his head
passing on the road that night,
Mine must walk when dead.

Ⅳ. 미친 제인과 장인 잭

최희섭

알아, 비록 시선이 마주칠 때
뼛속까지 떨리지만,
문빗장을 많이 벗겨 놓을수록
사랑은 더 빨리 가버린다는 걸.
왜냐면 사랑은 밤과 새벽 사이에
풀리는 실타래에 불과하니까.

외로운 영혼은 하나님에게
갈 영혼이야.
땅 위에 있는 사랑의 실타래
몸은 무덤에 있는 나는
엄마의 자궁에서
잃은 빛 속으로 뛰어들 거야.

그러나 텅 빈 침대에
홀로 눕게 되면
실타래는 우리를 영혼끼리 묶지,
그날 밤 길을 가는
그가 머리를 돌리면
내 실타래는 죽어서 걸을 거야.

《해설》

미친 제인 시리즈의 네 번째 작품인 「미친 제인과 장인 잭」은 육체적인 삶과 정신적인 삶의 갈등을 보여주고 있다. 이 작품의 제목에 쓰인 장인(匠人)은 수련기간을 끝내고 대작을 완성하여 시험을 통과한 전문가이다.

우선 운율을 살펴보면, 각 연의 홀수행은 약강 4보격을 주조로 하고 있으며, 짝수행은 약강 3보격을 주조로 하고 있다. 또한 홀수행은 각운을 맞추지 않고 있지만, 짝수행은 각운을 맞추고 있으므로 발라드(ballad) 형식을 취하고 있음을 알 수 있다. 발라드 형식을 취하는 연은 4행연이 일반적인데 이 작품은 6행연 형식을 취하고 있으므로 전통적인 발라드 형식을 답습하지는 않는다.

첫 연은 육체적인 사랑을 이야기하고 있다. 젊은 시절에 사랑을 할 때는 눈빛만 마주쳐도 온 몸에 전율이 일어날 정도로 정열적인 사랑을 한다. 그렇지만 육체적인 사랑은 영원한 것이 아니라 몇 십년이라 할지라도 우주의 긴 시간에 비추어보면 매우 짧은 시간이다. 사랑하는 사람이 떠나지 못하도록 문의 빗장을 걸어 잠글 수 있지만, 빗장을 잠근다고 해서 사랑하는 사람이 가지 않는 것은 아니다. 시간의 차이만 다소 있을 뿐 순간의 생명을 지닌 인간의 사랑은 영원할 수 없다. 그렇기 때문에 시인은 여기서 사랑은 밤과 새벽 사이에 풀리는 실타래에 불과하다고 이야기한다.

둘째 연에서 시인은 육체적인 결합뿐만 아니라 영혼의 결합이 중요함을 역설하며 육체의 죽음으로 원초적인 상태로 되돌아감을 이야기한다. 인간의 영혼은 사랑을 하거나 하지 않거나 모두 외로운 영혼이다. 그 영혼이 외로움을 다소라도 덜기 위하여 취하는 행동이 육체적인 사랑이다. 여기서 이야기하는 사랑은 지상에서 현실적으로 존재하는 사람이 하는 것이다. 미친 제인은 자신의 몸이 무덤에 있다고 함으로써 죽음 이후의 세계를 생각한다. 엄마의 자궁은 제인이 지상에서의 삶을 시작한 곳이므로 그곳으로 돌아간다고 하는 것은 육체의 죽음을 통하여 원초적인 세계, 인간으로 태어나기 이전의 세계로 돌아간다는 것을 의미한다.

셋째 연에서 화자는 사랑을 통하여 영혼이 결합됨을 이야기한다. 텅 빈 침대는 사랑하는 사람이 함께 있다가 떠난 자리이고, 그 자리에서 혼자 있게 될 때 화자는 자신의 영혼과 그의 영혼이 하나로 묶여 있음을 인식한다. 그렇지만, 그가 떠나고 머리를 돌리면 사랑이 끝나고 자신의 사랑도 역시 죽는다고 이야기한다. 그가 밤길을 가는 것은 죽는 것일 수도 있고, 이별일 수도 있다. 그렇지만 여기서는 죽는다는 암시가 더욱 강하다. 그렇기 때문에 그가 죽어서 이 세상을 떠난다 할지라도 서로를 묶은 사랑의 실타래가 풀어지는 것은 아니다. 화자는 서로를 굳게 묶어준 사랑의 실타래가 존재함을 믿고 자신이 죽어도 상대방에게로 갈 것이라고 이야기한다.

내용을 간략하게 살펴보았듯이 이 작품도 앞의 작품과 마찬가지로 육체와 영혼의 사랑을 이야기하고 있다. 육체의 사랑만으로 완전한 사랑이 될 수 없고, 영혼의 사랑만으로도 완전한 사랑이 될 수 없다. 완전한 사랑은 육체와 영혼 모두의 사랑이어야만 한다. 이는 시인이 주장하는 바 영혼과 육체의 이원론과 이 둘의 구분이 문제가 아니라 이의 결합을 통한 존재의 통일(Unity of Being)이 중요하다는 것을 미친 제인의 사랑이라는 소재로 표현하고 있음을 보여준다.

Ⅴ. CRAZY JANE ON GOD

THAT lover of a night
Came when he would,
Went in the dawning light
Whether I would or no;
Men come, men go;
All things remain in God.

Banners choke the sky;
Men-at-arms tread;
Armoured horses neigh
Where the great battle was
In the narrow pass:
All things remain in God.

Before their eyes a house
That from childhood stood
Uninhabited, ruinous,
Suddenly lit up
From door to top:
All things remain in God.

I had wild Jack for a lover;

Ⅴ. 미친 제인이 하나님에 대해

허현숙

밤을 사랑하는 그 사람은
원할 때 왔다가
새벽 빛 속에 가버렸어
내가 원하든 원치 않든.
남자들은 오고 가는 것.
모든 것이 하나님 안에 남아 있지.

깃발들이 하늘을 숨 막히게 해.
무장한 사람들이 터덜터덜 걸어가네.
무장한 말들이 우우 우네
큰 싸움이 벌어지는 곳
좁은 길 속에서.
모든 것이 하나님 인에 남아 있지.

그들 눈앞에 집 한 채 서 있네.
어린 시절부터 아무도 살지 않는
파괴된 모습으로.
그런데, 갑자기 문에서 지붕 꼭대기까지
환하게 불 밝히네.
모든 것이 하나님 안에 남아 있지.

나는 거친 잭을 애인으로 삼았어.

Though like a road
That men pass over
My body makes no moan
But sings on:
All things remain in God.

《해설》

이 시는 하나님의 존재를 충만함의 견지에서 파악하는 미친 제인의 태도를 보여준다. 자신의 의사와 상관없이 왔다 가버리는 애인, 싸움터에서 나부끼는 깃발들과 우짖는 말들, 갑자기 불길에 휩싸이는 집, 그리고 애인에게 길처럼 내주고 노래하는 몸의 희열 등을 통해 제인은 하나님이 이러한 열정과 생명력을 품고 있는 존재로 파악한다. 당시 아일랜드 가톨릭이 말하는 엄격하고 금욕적인 하나님과는 달리 제인은 훨훨 날아오르는 불꽃같은 생명력의 힘, 그것이 지나쳐 싸움과 파괴로 이어지는 전쟁터의 잔상들, 나아가 몸이 경험하는 성적 희열 등을 모두 하나님 품 안의 것으로 이해하고 있다. 예이츠는 이러한 제인의 인식을 '미친' 제인의 것이라 하여 자신의 생각은 아닌 것처럼 거리를 두고 있지만, 결국 미친 제인을 창조한 것은 시인 예이츠이니, '미친' 제인의 주장은 시인의 주장이기도 할 터이다.

내 몸은 사람들이 지나 다니는
길인 듯하나
신음 소리 안 내고
계속 노래한다네.
모든 것이 하나님 안에 남아 있지.

1903년 6월 『게일』지에 실린 만화 〈아일랜드의 잔다르크는 불화의 불꽃을 당긴다〉
(출처: A. Norman Jeffares and Anna MacBride White (ed.). *A Servant of the Queen.* Colin Smythe Limited, Gerrards Cross. 1994)

Ⅵ. CRAZY JANE TALKS WITH BISHOP

I met the Bishop on the road
and much said he and I.
'Those breasts are flat and fallen now,
Those veins must soon be dry;
Live in a heavenly mansion,
Not in some foul sty.'

'Fair and foul are near of kin,
and fair needs foul,' I cried.
'My friends are gone, but that's a truth
Nor grave nor bed denied,
Learned in bodily lowliness
And in the heart's pride.

'A woman can be proud and stiff
When on love intent;
But love has pitched his mansion in
The place of excrement;
For nothing can be sole or whole
that has not been rent.'

VI. 미친 제인이 주교와 얘기하다

허현숙

길에서 주교를 만났어요.
우린 많은 얘기를 나눴지요.
'그 젖가슴은 이제 납작해지고 축 늘어졌구나,
그 핏줄도 곧 쪼그라들 게 분명해.
천국의 집에 살라고,
그런 더러운 우리 말고 말야.'

'아름다움과 더러움은 가까운 친척이에요.
아름다움은 더러운 게 필요하구요.'라고 내가 큰 소리로 말했지요.
'내 친구들은 다 가버렸지만, 그게 진실인걸요.
무덤도 침대도 부인할 수 없고
몸을 낮춰
마음의 자부심에서 배우는.

'여자는 사랑에 집중할 때
자부심 있고 단단해질 수 있어요.
그런데 사랑은 자신의 집을
배설의 장소에 지어요.
갈라지지 않는 것은
어떤 것도 단독자도 전체도 될 수 없어요.'

《해설》

예이츠가 당대 아일랜드 가톨릭 교리에 대해 어떤 생각을 갖고 있었는지를 단적으로 드러내는 작품으로, 미친 제인 시리즈의 시 작품들 중에서 가장 널리 알려진 작품이다.

가톨릭에서 말하는 성스러움과 아름다움에 대해 제인은 반대하면서 오히려 아름다움이 존재하기 위해서는 더러움이 있어야 하고 천국이 있으려면 돼지우리 같은 더러운 거처가 있어야 하는 것임을 갈파한다. 뿐만 아니라 가톨릭 교리에서 깨끗하고 순수하다고 여기는 사랑이라는 것조차도 우리 육체의 배설기관 속에 집을 짓는다고 제인은 주장한다. 이는 그 어떤 존재나 개념도 상대적인 것으로 이해하는 예이츠의 이원론적 입장을 대변한다. 즉 아름다움과 추함, 깨끗함과 더러움, 영혼과 몸, 삶과 죽음 등 서로 정반대의 것들은 상대 개념이나 존재를 있게 하는 것이며 상대가 있어야 그것 자체 역시 있을 수 있다는 것이다. 마지막 부분에서 제인이 말하는 '갈라지지 않는 것은 단독자도 전체도 될 수 없다'는 주장은 바로 이러한 의미를 단적으로 말해 준다.

이 시는 예이츠의 다른 작품들에서 그리 많이 구사되지 않는 말장난(pun)을 매우 강렬하게 사용하고 있다. 'sole'과 'whole'은 각각 'soul'과 'hole'의 동음이의어임을 상기한다면 예이츠가 이 말장난을 얼마나 효과적으로 구사하고 있는지 알 수 있을 것이다. 이러한 동음이의어의 구사를 통해 예이츠는 분열, 좌절, 쓰라린 경험이야말로 삶의 충만함과 완벽함에 전제조건임을 암시한다.

장 오귀스트 도미니크 앵그르의 〈안젤리카를 해방시키는 루지에로〉
(출처: Elizabeth Butler Cullingford. *Gender and history in Yeats's love poetry*. Cambridge University Press. 1995. p. 214)

VII. CRAZY JANE GROWN OLD LOOKS AT THE DANCERS

I found that ivory image there
Dancing with her chosen youth,
But when he wound her coal-black hair
As though to strangle her, no scream
Or bodily movement did I dare,
Eyes under eyelids did so gleam;
Love is like the lion's tooth.

When She, and though some said she played
I said that she had danced heart's truth,
Drew a knife to strike him dead,
I could but leave him to his fate;
For no matter what is said
They had all that had their hate;
Love is like the lion's tooth.

Did he die or did she die?
Seemed to die or died they both?
God be with the times when I
Cared not a thraneen for what chanced
So that I had the limbs to try
Such a dance as there was danced —

Ⅶ. 늙어버린 미친 제인이 춤추는 이들을 보다

윤일환

저기 아이보리색 형상의 여인이
좋아하는 젊은이와 춤추고 있는 걸 난 보았지요.
목을 죄기라도 하듯
여인의 흙발을 감았을 때, 나는 감히
소리를 지르지도 움직이지도 못했지요.
눈까풀 밑 눈동자는 그리도 반짝이고 있었지요.
사랑은 사자의 이빨 같아

여인이 장난한다고 어떤 이는 말하지만
난 그녀가 진실한 마음으로 춤추었다고 말했지.
여인이 남자를 죽이려는 듯 칼을 빼들었을 때
나는 남자를 그 운명에 맡길 수밖에 없었지.
누가 무슨 말을 하던
두 남녀는 증오란 증오는 모두를 지녔으니.
사랑은 사자의 이빨 같아

그는 죽었는가, 죽었는가 그녀는?
죽은 것인가 둘 다 죽었는가?
무슨 일이 일어나든 조금도 개의치 않고
저기 춤추는 춤과 같이
내가 대단한 춤을 추어볼 손발이 있는 때는
진실로 행복하였다네.

Love is like the lion's tooth.

《해설》

이제 육체적으로 노쇠한 제인은 상징적으로 볼 때 성적인 춤이나 성행위 자체라 할 수 있는 젊은 여인과 동일시하려 한다. 제인은 열정적인 춤을 추는 여인에 자신을 투사하여 늙음을 극복하고자 한다. 춤을 추며 젊은이는 흙발로 여인을 목 조르려하고 여인은 칼을 꺼내 젊은 연인을 찌르려 한다. 하지만 제인은 여인과 자신을 동일시하기에 이 광경을 지켜보면서도 춤과 살해행위를 방해하지 못한다. 제인은 이제 늙어버려 손발을 움직여 춤출 수 없다. 그러기에 그녀는 격렬한 춤이 치명적이라고 하더라도 젊음의 강렬함이 배어있는 춤을 열망한다. 그녀에게 중요한 것은 춤이지 그 결과가 아니다. 마지막 연에서 제인의 이러한 동일시는 절정에 이른다. "그는 죽었는가, 죽었는가 그녀는? / 죽은 것인가 둘 다 죽었는가?"(Did he die or did she die? / Seemed to die or died they both?). 이 행들에서 "or"와 "die"라는 말이 반복되고 어순이 도치된 것에서 암시되듯이, 제인은 제의적 살해에서 희생자인 동시에 가해자인 춤추는 여인과의 동일시가 절정에 이른다. 그녀는 '누가 죽었는지 혹은 둘 다 죽었는지'라는 문제에 대해 애매한 태도를 취한다. 하지만 "사랑은 사자 이빨과 같다."(Love is like the lion's tooth.)는 사랑은 사자의 이빨 같아.

후렴구는 어떤 대가를 치르더라도 이에 참가하고자 하는 제인의 열망을 잘 드러내 준다. 이 열망에도 제인은 제의적 춤과 살해행위에 완전히 동화되지 못한다.

춤추는 젊은이들과의 동일시를 통해 늙음을 극복하려 했지만, 제인은 여전히 춤을 바라보는 관찰자의 입장에 서있다. 제인이 춤추는 젊은이의 죽음에 대해 관심을 갖는다는 사실 자체가 춤추는 젊은이와의 거리가 존재하며 동일시에 틈이 존재함을 암시한다.

Ⅷ. GIRL'S SONG[1)]

I went out alone
To sing a song or two,
My fancy on a man,
And you know who.

Another came in sight
That on a stick relied
To hold himself upright;
I sat and cried.

And that was all my song—
When everything is told,
Saw I an old man young
Or young man old?

1) 이 시는 1929년 3월 29일 쓰여 1930년 10월 22일자 『뉴 리퍼블릭』(*the New Republic*)지에 처음 실렸다.

Ⅷ. 소녀의 노래[1)]

이영석

나는 홀로 밖에 나가
노래 한두 곡 불렀지요,
한 남자를 그리면서,
당신도 아시는.

다른 이가 눈에 들어왔지,
자신을 똑바로 지탱하려고
지팡이에 기대선—
나는 주저앉아 울었지.

그리고 그것은 나의 노래 모두야—
이야기가 모두 끝나면,
내가 본 이는 젊은 노인인가
아니면 겉늙은 젊은이인가?

Ⅸ. YOUNG MAN'S SONG[1]

'She will change,' I cried.
'Into a withered crone.'
The heart in my side,
That so still had lain,
In noble rage replied
And beat upon the bone:

'Uplift those eyes and throw
Those glances unafraid:
She would as bravely show
Did all the fabric fade;
No withered crone I saw
Before the world was made.'

Abashed by that report,
For the heart cannot lie,
I knelt in the dirt.
And all shall bend the knee
To my offended heart
Until it pardon me.

---

1) 이 시는 엘만(Ellmann)에 따르면, 1929년 3월 29일 이후에 쓰였고, 1930년 10월 22일자 『뉴 리퍼블릭』지에 처음 실렸다.

Ⅸ. 젊은이의 노래[1)]

이영석

나는 소리친다. "그 여자는
시든 할멈으로 변할 거야."
아주 조용하던.
내 옆구리 가슴이.
기품 있는 분노로 몸이 흔들리며
대답한다.

"눈을 들어 두려움 없이
시선을 던져요. 그녀는
얼굴에 주름이 져도
지금처럼 당당할 것이고,
나는 사람들 앞에 시든 할멈을
보지 않아요."

그 말에,
가슴은 거짓을 모르니까,
나는 무안해져, 흙에 무릎을 꿇는다.
그리고 나의 불쾌해진 가슴에게,
나를 용서할 때까지,
모두가 무릎을 꿇는다.

X. HER ANXIETY

EARTH in beauty dressed
Awaits returning spring.
All true love must die,
Alter at the best
Into some lesser thing.
Prove that I lie.

Such body lovers have,
Such exacting breath,
That they touch or sigh.
Every touch they give,
Love is nearer death.
Prove that I lie.

《해설》

「탑」("The Tower")와 「비잔티움」("Byzantium")이라는 거작을 쓰고 난 뒤 예이츠는 이 소품들에서 숨을 고르고 있는 듯하다. 이 시 「그녀의 근심」은 여자의 입장에서 본 연애감정이다. 모든 상황이 삭제되고 숨겨져 있어서 독자의 추측과 상상에 의지할 수밖에 없는 이 짧은 시에서는 대지의 생명을 사람(연애)의 생명에 비유하고 있다. (아마 눈 덮인) 대지가 아름답게 차려입고 봄을 기다리는 것은 남녀의 만남과

X. 그녀의 근심

신원철

아름답게 차려입은 대지가
돌아오는 봄을 기다리네.
모든 진실된 사랑은
그 최상에서 죽거나,
좀 더 하찮은 것으로 바뀌어야 하는 것.
그걸 입증하느라 내가 누워 있다.

그런 육신을 연인들은 가지고 있다,
그런 엄격한 호흡을,
그들은 들이쉬며 내쉬는 것.
그들이 들이쉴 때마다,
사랑은 죽음에 더 가까워지는 것.
그걸 입증하느라 내가 누워 있지.

유사하다. 사람의 육신도 대지의 생명의 순환과 같아서 호흡의 들숨과 날숨을 계절의 순환에 비유하고 있는 것이다. 사람이 한 번씩 호흡할 때마다 죽음에 가까워지는 것은 자명한 사실, 이미 늙어버린 예이츠는 한 호흡 한 호흡 죽음을 의식하고 있었던 듯하다. "모든 진실된 사랑은 그 최상에서 죽거나…."라는 구절에서 늙어 구차해지고 있는 스스로에 대한 예이츠의 자괴감을 보는 듯하다.

XI. HIS CONFIDENCE

UNDYING love to buy
I wrote upon
The corners of this eye
All wrongs done.
What payment were enough
For undying love?

I broke my heart in two
So hard I struck.
What matter? for I know
That out of rock,
Out of a desolate source,
Love leaps upon its course.

《해설》

앞의 시와 쌍을 이루고 있는 이 시는 남자의 입장에서 본 사랑이다. 앞의 시에서의 "진실된 사랑"은 "불멸의 사랑"으로 이름만 바뀌었다. 앞의 시가 수동적으로 "기다리는" 시인데 비해 이 시는 능동적으로 "사는" 시이다. 앞의 시가 사랑을 기다리며 죽음을 의식하는 상황이라면 이 시는 사랑을 얻기 위해 무엇이라도 지불하려는 자세를 보인다.

XI. 그의 확신

신원철

불멸의 사랑을 돈으로 사기 위해
내 눈의 가장자리에다가
이미 행해진 온갖 나쁜 것들을
나는 썼다.
불멸의 사랑을 사려면
얼마만큼의 돈을 지불해야 할까?

나는 내 심장을 둘로 갈랐다
너무나 힘껏 나는 쳤다.
왜 그러냐고? 내가 알고 있기 때문이지
바위로부터,
황폐한 샘에서부터,
사랑이 뛰쳐나온다는 것을.

그것이 마침내는 "내 심장을 둘로 가를" 만큼 처절한 상황으로 간다. 마지막 부분은 사막의 바위를 지팡이로 쳐서 샘이 솟도록 하는 기적의 상황을 도입한 것인데 처절한 고통 끝에 사랑을 쟁취한다는 적극적 의지를 보여주는 것이다. 이 시가 짧지만 어려운 것은 그 상징적 묘사 때문이다. "나쁜 것"이 도대체 무엇일까라고 골똘히 생각해서는 시가 풀리지 않는다. 그냥 전체를 입에 담고 음미해 보라.

Ⅻ. LOVE'S LONELINESS

Old fathers, great-grandfathers,
Rise as kindred should.
If ever lover's loneliness
Came where you stood,
Pray that Heaven protect us
That protect your blood.

The mountain throws a shadow,
Thin is the moon's horn;
What did we remember
Under the ragged thorn?
Dread has followed longing,
And our hearts are torn.

《해설》

이 시는 다시 사랑의 아픔을 다루고 있다. 바위는 산에 그림자를 드리우고, 하늘에 떠 있는 달은 힘없는 나팔 모양이다. 사랑하는 사람들은 함부로 뻗어 있는 가시들 사이에서 축복은커녕 두려움을 경험할 수 있을 따름이다. 사방 울퉁불퉁한 모양이니 사랑에 빠진 사람인들 평안하겠는가.

XII. 사랑의 외로움

허현숙

늙은 아버지, 증선조 할아버지들,
친족이 해야 하듯 일어나시라.
혹여 사랑의 외로움이 당신들이 서 있던
곳에 왔다면
하늘이 우리를 보호하시기를
당신들의 혈족을 보호하시기를 기도하시라.

산이 그림자를 드리우고,
달의 나팔은 가냘프다.
제멋대로 뻗은 가시들 아래에서
우리는 무엇을 기억하는가.
두려움은 그리움을 따르고,
그리하여 우리 가슴 찢어지다.

XIII. HER DREAM

I dreamed as in my bed I lay,
All night's fathomless wisdom come,
That I had shorn my locks away
And laid them on Love's lettered tomb:
But something bore them out of sight
In a great tumult of the air,
And after nailed upon the night
Berenice's burning hair.

《해설》

가끔 우리는 꿈속에서 앞으로 일어날 일에 대한 예시를 경험한다. 그것을 예민하게 받아들이는 사람들은 꿈에서 본 것들을 바탕으로 자신이나 친구들에게 닥칠 어떤 일들에 대해 미리 예측하여 대비하기도 하는 것이다.

예이츠는 이 작품에서 바로 그러한 경험을 형상화하고 있다. 예이츠가 이 시에서 말하는 꿈으로부터의 지혜는 일상생활의 궤도에서 벗어난 경지를 경험하게 하는 어떤 힘이기도 하다. 소녀의 머리카락이 불타오르고 그것을 밤하늘에 못 박는 것을 시의 화자는 꿈에서 본 것이다. 이러한 비현실적 경험으로부터 화자는 자신의 삶을 조였던 금지와 금기를 극복하고 꿈으로부터 위안을 얻는다. 이 시는 바로 이러한 꿈의 지혜를 드러낸다.

XIII. 그녀의 꿈

허현숙

나 꿈을 꾸었네 침대 속에 누워 있을 때,
밤새 가없이 지혜는 다가와
나 자물쇠들 거두어
사랑의 글자 새겨진 묘비 위에 놓았지
그러나 무언가가 그것들을 눈에서 앗아갔네.
대기가 크게 소용돌이칠 때에,
그리고는 베레니스의 불타는 머리카락을
밤 위에 못 박았네.

(참고: 산문 「애니마 문디」("Anima Mundi")에서 예이츠는 어느 날 꿈에시 본 것을 설명하고 있다. 이 산문에서 그는 머리가 불타는 여자를 꿈에서 보았고 그 꿈의 잔영을 계속 기억하는 중에 블레이크의 작품들에 대한 이해를 구할 수 있었다고 말하고 있다.)

XIV. HIS BARGAIN

WHO talks of Plato's spindle;[1)]
What set it whirling round?
Eternity may dwindle,
Time is unwound,
Dan and Jerry Lout
Change their loves about.

However they may take it,
Before the thread began
I made, and may not break it
When the last thread has run,
A bargain with that hair
And all the windings there.

《해설》

남자의 한 여자에 대한 불변하는 헌신적인 사랑의 약속을 노래한 시. 앞 시("Her Dream")의 머리카락 이미지를 확장하여 플라톤의 물렛가락(방추)과 연결시키고 있다. 그리하여 플라톤의 물렛가락은 가이어(gyre)가 감기는 굴대(축)가 된다. 실꾸리(영원)는 실(시간)이 풀릴수록 줄어들기 마련이다. 그러나 그런 것은 그다지 중요하지 않다. 시골뜨기 댄과 제리와 같은 보통 사람들은 애인을 바꿔치기하면서 늘 바뀌는

XIV. 그 남자의 계약

윤기호

누가 플라톤의 물렛가락을 말하는가,[1]
무엇이 그것을 빙빙 돌게 만들었는가?
시간이 풀리면
영원이 줄어들지도 모르지.
시골뜨기 댄과 제리는
애인을 배반하네.

그들이 그것을 어떻게 받아들이든 간에
실이 풀리기 시작하기 전에
나는 저 머리카락과 거기에 감긴 모든 것과
계약을 맺었고
실이 끝까지 풀려도
그 계약이 깨어지지 않기를 바라네.

가이어가 이승에서나 환생에서 줄지도 모를 다양함을 추구한다. 그러나 시의 화자인 "나"는 태어나기 전부터('실이 풀리지 시작하기 전에') 한 여자(앞 시의 베레니스와 같은)만을 영원히 사랑하기로 계약을 맺었고 그 계약은 영원토록('실이 끝까지 풀려도') 깨지지 않을 것이다.

1) 플라톤의 물렛가락(Plato's spindle): 플라톤년(年)의 끊임없는 순환으로서 자이로스코프(회전의)처럼 영원히 회전한다. 플라톤년이란 세차(歲差) 운행이 한 바퀴 돈다고 상상되는 25,800년을 가리킨다.

XV. THREE THINGS

'O CRUEL Death, give three things back,'
Sang a bone upon the shore;
'A child found all a child can lack,
Whether of pleasure or of rest,
Upon the abundance of my breast':
A bone wave-whitened and dried in the wind.

'Three dear things that women know,'
Sang a bone upon the shore;
'A man if I but held him so
When my body was alive
Found all the pleasure that life gave':
A bone wave-whitened and dried in the wind.

'The third thing I think of yet,'
Sang a bone upon the shore;
'Is that morning when I met
Face to face my rightful man
And did after stretch and yawn':
A bone wave-whitened and dried in the wind.

XV. 세 가지 일

윤기호

'오 잔인한 죽음이여, 세 가지를 돌려주오.'
바닷가 뼈가 노래했다네.
'한 어린아이가 쾌락이건 휴식이건
어린아이에게 결핍될 수도 있는
모든 것을 내 풍만한 가슴 위에서 찾았다오.'
파도에 하얗게 씻기고 바람에 마른 뼈 하나.

'여자들이 아는 세 가지 소중한 것들'
바닷가 뼈가 노래했다네.
'내 육체가 팽팽했을 때는
꼭 껴안아주기만 해도
그 남자는 삶이 주는 모든 쾌락을 느꼈다오.'
파도에 하얗게 씻기고 바람에 마른 뼈 하나.

'아직도 생각하고 있는 세 번째 일은'
바닷가 뼈가 노래했다네.
합법적인 내 남자와 얼굴을
마주 대해 만나고 난 후
기지개를 펴고 하품을 했던 그 아침이라오.'
파도에 하얗게 씻기고 바람에 마른 뼈 하나.

《해설》

여자가 사랑으로부터 얻을 수 있는 세 가지 즐거움을 나열한 시이다. 제1연에서는 어린아이에게 젖을 물림으로써 느끼는 만족감을, 제2연에서는 연인에게 몸을 제공함으로써 주고받는 쾌감을, 제3연에서는 연인과 밤을 같이 보내고 난 후 그의 면전에서 하품을 함으로써 남편을 속여(놀려)먹는 즐거움을 노래하고 있다.

앙리 베르그송의 여동생이자 멕르리거 마터즈의 부인,
모이나 마터즈(Moina Mathers)

(출처: Catherine Fahy. *W. B. Yeats and his Circle*. The National Library Ireland. 1989. p. 25)

XVI. LULLABY

BELOVED, may your sleep be sound
That have found it where you fed.
What were all the world's alarms
To mighty Paris[1] when he found
Sleep upon a golden bed
That first dawn in Helen's arms?

Sleep, beloved, such a sleep
As did that wild Tristram[2] know
When, the potion's work being done,
Roe could run or doe could leap
Under oak and beechen bough,
Roe could leap or doe could run;

Such a sleep and sound as fell
Upon Eurotas'[3] grassy bank

---

1) Paris: 트로이의 왕 프리암(Priam)의 아들이며, 장차 나라를 멸망시킬 운명을 타고 났다는 예언을 듣고 그 운명을 피하고자 양치기로 양육된다. 아프로디테(Aphrodite)는 여신들의 경합에서 패리스가 자신을 지지해 주면 그에게 세상에서 가장 아름다운 여인을 주겠다고 약속한다. 이 약속에 따라 패리스는 스파르타의 왕 메넬레우스(Menelaus)의 부인인 헬렌과 사랑하게 되었고 함께 도주하여 트로이 전쟁의 원인을 제공했다.

2) Tristram: 말로리(Malory)의 『아서왕의 죽음』(*Le Morte d' Arthur*)에 등장하는 트리스트람은 리오네스(Lyonesse) 왕의 아들이다. 그는 상처를 치료하고자 아일랜드로 가게 되었고, 거기서 왕의 딸인 이조드(La Beale Isoude)와 사랑에 빠진다. 그러나 그가 여왕의 동생을 죽였으므로 궁정에서 추방당하여 콘월(Cornwall)로 돌아온다.

XVI. 자장가

박미정

사랑하는 아기야, 곤히 잠들어라.
배불리 먹고서 자는 잠처럼.
위대한 패리스[1]에게
세상의 모든 경고가 무슨 소용이었던가?
헬렌의 품에 잠들어 금빛의 침상에서
그가 처음 새벽을 맞았을 때.

잘 자거라, 어여쁜 아기야,
사랑의 묘약이 힘을 다하고
노루가 뛰고 사슴이 뛰어오를 때
떡갈나무와 너도밤나무 가지 아래에서
노루가 뛰어오르고 사슴이 뛸 때
흥분한 트리스트람[2]이 잠들었듯이.

깊이 잠들어라.
에우로타스 강[3] 풀밭 위에서처럼.

이후 마크(Mark) 왕은 그를 아일랜드로 보내어 자신과 이조드의 결혼을 추진하도록 명령한다. 그러나 그들은 돌아오는 배 안에서 자신들도 모르는 사이에 사랑의 묘약을 마셨기 때문에 그녀가 마크 왕과 결혼한 이후에도 계속 사랑하는 관계를 유지한다. 이후 마크 왕에게 그들의 사랑이 발각되어 추방당하고 그는 살해당한다.

3) Eurotas: 스파르타의 큰 강. 레다는 스파르타의 왕 틴다루스(Tyndareus)의 부인이며, 제우스는 에우로타스 강에서 목욕을 하고 있는 그녀를 보고 반하게 되어 백조로 위장하여 그녀를 겁탈한다. 레다는 제우스와의 사이에서 카스토로(Castor)와 폴뤽스(Pollux) 그리고 헬렌(Helen)을 낳는다. 이 신화는 예이츠의 역사관과 문명관에 중요한 토대가 되며, 이에 대해서는 예이츠의 시 「레다와 백조」("Leda and Swan")를 참조하면 도움이 된다.

When the holy bird, that there
Accomplished his predestined will,[4)]
From the limbs of Leda sank
But not from her protecting care.

《해설》

이 시는 1929년 3월 20일 혹은 27일에 쓰였다고 추정되며 『새 기념품』(*The New Keepsake*, 1931)에 처음 발표되었다. 올리비아 셰익스피어에게 보낸 편지에서 예이츠는 이 시가 어머니가 아기에게 불러주는 노래이며 자신이 좋아하는 자장가라고 소개했다. 또한 이 시는 예이츠가 번역한 고대 아일랜드의 전설 가운데 하나인 『그라니아』(*Grania*)에 출처를 두고 있다. 그라니아가 그녀의 연인인 디어뮈드(Diarmuid)가 잠들었을 때 불러준 노래에서 이 시와 비슷한 구절을 발견할 수 있다(『자서전』, 457-458). 그렇다면 이 시에서 예이츠가 "사랑하는 아기야(사람아)"라고 부르는 호칭은 어머니가 어린 아기를 부르는 것인지 아니면 연인을 지칭하는 것인지 분명치 않은 면이 있다. 특히 각 연에 등장하는 헬렌과 패리스, 트리스트람과 이조드, 레다와 백조(제우스) 간의 성애는 이 자장가를 관능적인 느낌으로 만들고 있다. 그리고 모두 비극적인 미래를 앞두고서도 연인간의 애정과 기쁨을 더 강조한다는 점에서도 공통적이다. 이처럼 예이츠는 그리스나 아일랜드의 신화 속의 다양한 인물들을 전유하여 복합적인 의미를 함축하는 자장가로

4) predestined will: 예이츠는 인류의 역사를 2천년을 주기로 순환하는 것으로 본다. 그리스 문명의 2천년의 시발점을 레다와 백조의 교정의 순간으로 본다. 신인교정의 순간은 그리스도의 수태고지에 비견될만한 중요한 역사적 순간이다. 역사를 순환적이고 결정론적으로 보는 그의 역사관이 반영되어 있다.

신성한 새가 그곳에서
예정된 일[4]을 마치고서
레다의 몸에서 물러나
그녀의 애정 어린 보살핌 속에서 잠들었듯이.

만들고 있다.

이 시는 각 연에서 사랑하는 여성의 품에 안겨 잠든 남성의 이미지를 공통적으로 제시하여 달콤하고 안온한 잠의 사례로 제시하고 있다. 제1연에서는 어머니의 젖을 먹고 배부른 상태에서 잠드는 아기의 만족스럽고 깊은 잠을 헬렌의 품에 안겨 첫날을 맞이한 패리스의 잠에 비유한다. 아기의 물리적인 포만감과 만족감이 위험을 알리는 세상 사람들의 경고에도 아랑곳하지 않고 잠든 패리스의 성애적인 만족감과 충족감에 비유되어 있다. 마찬가지로 제2연에서 트리스트람이 사랑의 묘약을 마시고 이조드와 사랑을 나눈 다음 날 아침의 달콤한 잠, 그리고 제3연에서는 레다와 사랑을 나눈 후에 그녀의 품에서 잠든 제우스의 잠을 비유로 들어 아기가 깊이 잠들기를 기원하고 있다.

예이츠는 창작의 고통과 힘겨움을 누구보다 많이 느꼈던 시인이지만, 이 자장가의 경우에는 비교적 편안하고 즐겁게 쓸 수 있었다고 밝히고 있다(Jeffares, 316에서 재인용). 예이츠가 『어쩌면 노랫말로』의 시 몇 편을 소개하면서 아일랜드 사회의 정치적 의견 대립이나 책임감에서 벗어나 여유를 가지고 음악을 위한 순수한 정서와 시어들을 쓰려고 했다는 점을 상기하면, 행복과 안온함에 취한 깊은 잠을 기원하는 이 자장가는 바로 예이츠가 당시에 복잡한 현실을 잠시 떠나서 쉬고 싶은 희구를 나타낸 것이 아닐까 생각한다.

XVII. AFTER LONG SILENCE

SPEECH after long silence; it is right,
All other lovers being estranged or dead,
Unfriendly lamplight hid under its shade,
The curtains drawn upon unfriendly night,
That we descant and yet again descant
Upon the supreme theme of Art and Song:
Bodily decrepitude is wisdom; young
We loved each other and were ignorant.

《해설》

이 시는 예이츠와 한때 연인이었으나 죽을 때까지 친분을 잃지 않았던 올리비아 셰익스피어에게 건네는 시로서, 이제 육체적인 사랑을 나눌 수 없는 노년을 맞이한 예이츠의 복잡한 심경을 나타낸다.

"오랜 침묵"은 제2행에서 이제 "다른 연인들은 멀어졌거나 죽었다"는 내용으로 보아 두 사람 사이에 긴 세월이 흘렀음을 나타내는 표현이다. 불빛을 "무정하다"고 표현한 것은 밝은 불빛을 통해 그들의 늙은 모습을 서로 확인할 수 있기 때문이며, "밤"을 무정하다고 한 것은 밤이 인생의 황혼기에 견줄 수 있는 시간이기 때문일 것이다. 그래서 화자는 이러한 무정한 불빛과 밤을 전등갓과 커튼으로 가리고, 이제는 한때 사랑을 나누던 여인과 마주앉아서 예술과 시의 최상의 주제에

XVII. 오랜 침묵이 흐른 뒤에

박미정

오랜 침묵이 흐른 뒤에 하는 말,
다른 연인들은 모두 멀어졌거나 죽었고
무정한 불빛은 전등갓 속에 숨어 있고
커튼은 무정한 밤 위로 드리워져 있으니
우리는 이야기를 나누고 또 이야기를 나누는 것이 옳으리.
예술과 시의 최상의 주제에 대해.
육체적인 노쇠함은 지혜일지니, 젊어서
우리 서로 사랑했지만 무지했네.

대해 친구로서 이야기를 나누는 것이 마땅하며 좋다고 말한다. 즉 그들이 노년에 이르러 육체는 노쇠해졌지만 젊었을 때의 열정을 돌이켜 보고 무지했던 점을 인정함으로써 인생을 관조해 볼 수 있게 되었으며, 그 지혜를 예술의 최상의 주제로 논의하고 다루어 볼 수 있으므로 현명함을 얻게 되었다고 본다. 그래서 마지막 부분에서 화자는 육체적인 열정으로 이룬 과거의 사랑은 이제 노년에 찾아온 지혜와 여유로움에 비추어보면 무지한 것이었노라고 말한다.

그러나 예이츠가 이러한 노년의 예지를 축복하는 것이 마땅하다고 말하면서도, 앞서 불빛과 밤을 무정하다고 표현하면서 그것을 피하려고 한 것은 그가 젊음의 열정을 그리워하고 아쉬워하고 있기 때문이다. 이와 같이 젊은 시절의 열정과 노년의 지혜가 양립되기 힘들다는 인식은 예이츠 후기시의 일반적인 주제 가운데 하나이기도 하다.

XVIII. MAD AS THE MIST AND SNOW

Bolt and bar the shutter,
For the foul winds blow:
Our minds are at their best this night,
And I seem to know
That everything outside us is
Mad as the mist and snow.

Horace there by Homer stands,
Plato stands below,
And here is Tully's open page.
How many years ago
Were you and I unlettered lads
Mad as the mist and snow?

You ask what makes me sigh, old friend,
What makes me shudder so?
I shudder and I sigh to think
That even Cicero
And many-minded Homer were
Mad as the mist and snow.

XVIII. 안개와 눈처럼 미쳤었지

엄상용

셔터를 볼트로 조이고 빗장도 걸어라
사악한 바람이 부는구나.
오늘밤 우리마음은 한껏 좋기만 한데
주변의 모든 것들은
안개와 눈처럼
미친 듯이 보이누나.

호라티우스는 호메로스 옆에 서 있고
플라톤은 약간 아래쪽에 서 있구나.
여기에 툴리우스 키케로의 책을 펴놓은 채
몇 년 전쯤이었을까?
무식하기 짝이 없었던 너와 나는
안개와 눈처럼 미쳐 있었지?

옛 친구여, 너는 묻고 있구나.
내가 무엇 때문에 한숨짓고
내가 무엇 때문에 그리도 몸서리치는가?
키케로와
변덕스러웠던 호메로스조차도
안개와 눈처럼 미쳤었음을 생각하니
나도 몸서리가 쳐지고 한숨이 나오는구나.

말년의 예이츠
(출처: Micheál Mac Liammóir and Eavan Boland. *W. B. Yeats*. Thames and Hudson. 1998. p. 119)

《해설》

이 시는, 1933년 출판된 『나선계단과 기타 시편들』에 실려 있는 시들 중에서 기타 시들에 해당하는 『어쩌면 노랫말로』 부분에 있는 25편의 연작시 중 18번째 시이다.

17번째 시인 유명한 「오랜 침묵이 흐른 뒤에」("After Long Silence")와 함께 노년에 접어든 예이츠의 외로움과 과거의 정열적이었던 자신의 모습이 마치 미친 것처럼 느껴져 오히려 자신에 대한 탄식을 표현하고 있다.

모두 3연으로 이루어져 있으며, 매 연을 "안개와 눈처럼 미쳤었지"(Mad as the Mist and Snow)라는 후렴구로 마무리하고 있다.

제1연에서 예이츠는 왕성하게 활동하던 시절을 회상하고 있다. 그 시절에는 넘치는 열정도 있었지만 이제 늙고 병든 예이츠에게는 그 열정과 나름대로 시작(詩作)에서 보여준 천재성도 한낱 미친 듯한 몸짓에 불과한 것은 아닌가 생각하고 있다.

제2연에는 로마시대에 유명했던 시인 호라티우스(Horace), 그리스의 서사시인 호메로스(Homer), 그리스의 철학자 플라톤(Plato)과 로마시대의 웅변가·정치가·철학사였던 툴리우스 키케로(Marcus Tullius Cicero)가 등장한다. 아마도 예이츠가 젊었을 때 그들의 사상과 철학 문학에 심취하지 않았나 싶다. 하지만, 그처럼 그리스와 로마시대를 구가했던 사람들조차도 안개나 눈처럼 미쳤던 것은 아닐까 생각한다.

제3연에서의 키케로는 제2연의 툴리와 동일인물이다. 옛 친구가 다시 예이츠에게 너는 왜 그리도 몸서리치며 한숨을 짓느냐고 묻자, 호메로스와 키케로도 안개나 눈처럼 미치지 않았겠느냐고 대답을 하면서도, 세월의 덧없음과 자신의 늙은 모습에 대한 한탄을 표현하고 있다.

XIX. THOSE DANCING DAYS ARE GONE

Come, let me sing into your ear;
Those dancing days are gone,
All that silk and satin gear;
Crouch upon a stone,
Wrapping that foul body up
In as foul a rag:
I carry the sun in a golden cup.
The moon in a silver bag.

Curse as you may I sing it through;
What matter if the knave
That the most could pleasure you,
The children that he gave,
Are somewhere sleeping like a top
Under a marble flag?
I carry the sun in a golden cup.
The moon in a silver bag.

I thought it out this very day.
Noon upon the clock,
A man may put pretence away
Who leans upon a stick,

XIX. 춤추던 시절은 지나가 버렸다

엄상용

자, 이제 당신의 귀에 노래를 불러드릴게요
저 춤추던 시절은 지나가 버렸소
모두들 비단과 공단으로 치장했었죠
돌 위에 웅크리고 앉아야겠소
이 (늙어) 추한 육체는
누더기 같은 넝마를 걸치고
'나는 금잔에는 태양을
은잔에는 달을 담는다.'

당신이 아무리 비난해도 나는 노래를 부르리
당신을 기쁘게 했던 그 건달 녀석과
또 그가 남겨 놓은 아이들이
어딘가 대리석판 아래에서
잠들어 있다 한들
무슨 상관이란 말이요?
'나는 금잔에는 태양을
은잔에는 달을 담는다.'

나는 그걸 바로 오늘 생각해 내었소
시계가 정오를 가리킬 때
인간이란 지팡이를 짚을 때가 되면
가면을 벗어버리고

May sing, and sing until he drop,
Whether to maid or hag:
I carry the sun in a golden cup.
The moon in a silver bag.

《해설》

이 시는 『나선계단과 기타 시편들』 중, 『어쩌면 노랫말로』의 25편의 연작시 가운데 19번째의 시이다.

바로 앞에 있는 시 「안개와 눈처럼 미쳤었지」("Mad as the Mist and Snow")와 함께 노년에 접어든 예이츠가 과거 열정에 차 있었던 과거를 회상하면서 쓴 시이다.

모두 3개 연으로 이루어져 있으며, "나는 금잔에는 태양을 / 은잔에는 달을 담는다."(I carry the sun in a golden cup. / The moon in a silver bag.)는 후렴구로 매 연을 마무리하고 있다.

제목에서 예이츠는 자신을 춤추는 사람의 이미지로 표현하고 있다.

제1연은 자신의 화려했던 과거를 노래하는 사람으로 표현한다. 어쩌면 춤과 노래는 서로 떼어놓을 수 없는 관계일 것이다.

쓰러질 때까지 노래하리라.
그가 처녀든 마귀할멈이든
'나는 금잔에는 태양을
은잔에는 달을 담는다.'

이제는 늙어서 돌 위에 추한 육체를 추한 넝마 같은 누더기를 걸치고 앉아 있지만 그래도 끝까지 노래하겠다는 시인의 마음을 읽을 수 있다.

제2연에 나오는 "You"가 누구인지는 모르지만, 한때 사랑에 빠져 아이들을 낳고, 또 그들 모두가 다 이승을 떠나 대리석 판석으로 덮인 무덤 속에 누워 있다 해도, 또 그래서 (시인을) 비난한다 해도 무슨 상관이랴 나 자신은 끝까지 노래하겠다고 한다.

역시 제3연에서도 햇볕이 내리쪼이는 낮 12시 노년에 지팡이에 의지해야 하는 인간은, 그가 누구이든 지금까지의 모든 가면을 벗어버리고 끝까지 노래하겠다고 표현한다.

시인 예이츠는 비록 육체는 추하게 늙었지만, 오히려 이런 것에 구애받지 않고 자유로이 자신의 삶을 펼쳐나가겠다고 다짐하는 것 같다.

XX. 'I AM OF IRELAND'

'I am of Ireland,
And the Holy Land of Ireland,
And time runs on,' cried she.
'Come out of charity,
Come dance with me in Ireland.'

One man, one man alone
In that outlandish gear,
One solitary man
Of all that rambled there
Had turned his stately head.
That is a long way off,
And time runs on,' he said,
'And the night grows rough.'

'I am of Ireland,
And the Holy Land of Ireland,
And time runs on,' cried she.
'Come out of charity
And dance with me in Ireland.'

'The fiddlers are all thumbs,

XX. '나는 아일랜드의 여인'

강민건

'나는 아일랜드의 여인,
성스러운 땅 아일랜드 여인,
시간은 흘러가기 마련이죠.' 여인은 흐느꼈다.
'부디 가련히 여겨,
나와 함께 춤을 추어요. 아일랜드에서.'

저 남루한 모습으로 나타난
한 사내, 외로운 사내,
모두가 그렇게 배회하는 중에
한 고독한 사내가
거만하게 고개를 돌리고 있었다.
'저 모습은 이제 시절에 맞지 않아,
시간은 여전히 흐르지,' 그가 말했다.
'밤이 거칠어지기 시작했어.'

'나는 아일랜드의 여인,
성스러운 땅 아일랜드 여인,
시간은 흘러가기 마련이죠.' 여인은 흐느꼈다.
'부디 가련히 여겨,
나와 함께 춤을 추어요. 아일랜드에서.'

'바이올린 연주가 형편이 없군,

Or the fiddle-string accursed,
The drums and the kettledrums
And the trumpets all are burst,
And the trombone,' cried he,
'The trumpet and trombone,'
And cocked a malicious eye,
'But time runs on, runs on.'

I am of Ireland,
And the Holy Land of Ireland,
And time runs on,' cried she.
'Come out of charity
And dance with me in Ireland.'

《해설》

(시 감상하기 1)

아일랜드 어느 도시의 길 한 모퉁이나 선술집에서 한 여인이 노래를 하듯 읊조리고 있다. 식민 내전을 경험한 아일랜드 인들에게 아일랜드는 더 이상 이 여인의 노래처럼 성스러운 공간이 아니다. 오히려 한 사내의 외양적 모습처럼 그들의 삶은 남루하고 거리에서 흘러나오는 노래나 악기들의 연주소리가 소음으로 들릴 뿐이다. 식민 이전의 순수한 아일랜드로 돌아가고 싶은 여인의 슬픈 노래를 아무도 들어주는 이가 없다. 단지 거리를 배회하던 한 사내가 조롱 섞인 말투로 주절거릴

아니면 그 현에 진저리가 났나,
드럼도, 캐틀드럼도,
트럼펫도 모두가 너무 시끄러워,
트럼본도 말이야' 사내는 소리쳤다.
'트럼펫과 트럼본도 말이야'
남자는 악의에 찬 한쪽 눈을 치켜들었다.
'허나 시간은 흐르지, 흘러가고말고.'

'나는 아일랜드의 여인,
성스러운 땅 아일랜드 여인,
시간은 흘러가기 마련이죠.' 여인은 흐느꼈다.
'부디 가련히 여겨,
나와 함께 춤을 추어요. 아일랜드에서.'

뿐이다. 고통스럽고 암울한 시간을 넘어 여인은 함께 춤을 추자고 하지만, 사내의 시야에 들어온 여인의 모습은 현실을 외면하고 일용할 빵 대신해 아무 쓸모없는 악기를 건네는 거리의 여인으로밖에 보이지 않는다.

예이츠는 14세기 아일랜드 구전민요를 빌어 여인의 목소리를 대변하고 있다. 아일랜드를 상징하는 "여인"의 목소리는 어쩌면 예이츠가 지향하는 순수 예술성을 대변하고 있다고 볼 수 있다. 그 예술성에 의해 회복되는 아일랜드는 여인의 노래처럼 "춤을 추는" 공간이다. 그러나 식민 경험을 한 아일랜드 인들에게 노래가 제공하는 예술성이란

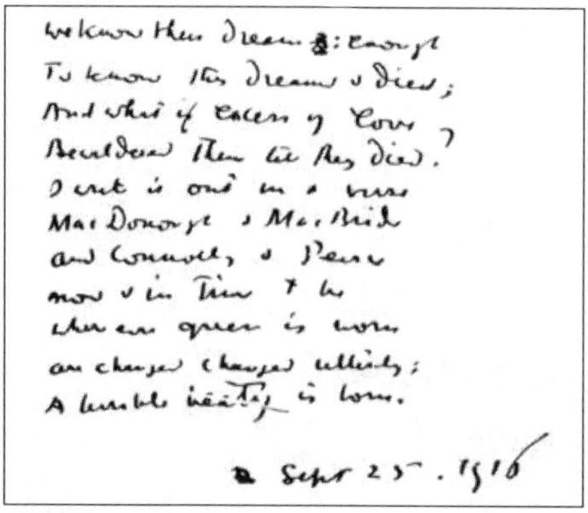

We know their dream; enough
To know they dreamed and died;
And what if excess of love
Bewildered them till they died?
I write it out in a verse
MacDonagh and MacBride
And Connolly and Pearse
Now and in time to be
Wherever green is worn
Are changed, changed utterly:
A terrible beauty is born.

Sept 25. 1916

「부활절 봉기」의 수고(手稿) 중 일부
(출처: Catherine Fahy. *W. B. Yeats and his Circle*. The National Library Ireland. 1989. p. 49)

아무 소용이 없는 무용지물이 되기도 한다. 작가는 여인의 노래를 통해 재현되는 순수공간으로서 아일랜드를 제시하지만, 남자로 대변되는 아일랜드 인들은 척박한 현실을 관통하면서 여인의 노래가 더욱 귀 밖에 나 있는 듯하다. 지식인으로서 작가는 이러한 모습이 마치 그의 시 「부활절 1916」("Easter 1916")에 표현한 것처럼, 시간이 지난 아일랜드의 모습을 "완전히 변하고 또 변해서"(changed, changed utterly) 희생을 강요하는 "섬뜩한 아름다움이 생겨난"(a terrible beauty is born) 공간으로 보고 있는지도 모를

1916년 부활절 봉기로 무너진 더블린 시내
(출처: Catherine Fahy, *W. B. Yeats and his Circle*, The National Library Ireland, 1989, p. 25)

일이다.

(삐딱하게 시 감상하기 2)

어머니의 땅(Mother land)으로 대변되어지는 원형적 이미지로서의 아일랜드는 예이츠에게 있어서 여성을 등장시키는 재현 방식을 택한다. 이 시 역시 예외는 아니다. 그러나 이러한 재현 방식은 여성에게 부과하고 있는 신화적 여성의 또 다른 전형이라 할 수 있다. 그가 등장시키는 여성 인물은 "성스러운 땅"의 아일랜드 여성이고, 여신과도 같은 존재이다. 얼핏 보기에 예이츠의 여성 재현은, 아일랜드 문학에서 국가 개념이 곧 여성으로 상징되는 아일랜드의 정체성과 부합되는 것같이 보이기는 하지만, 국가의 식민 상황과 실제적 경험을 고려할 때 이는 오히려 질곡의 역사를 건너온 현실 속 아일랜드의 여성과는 상당한 괴리감을 가지고 있다. 여성은 아일랜드의 현실을 치열하게 살아온 존재이며, 따라서 아일랜드가 여성성을 부여받아 이상적인 여성으로 묘사되는 것은 여성의 실제 삶을 제대로 인식하지 못한 결과이다. "아일랜드 여성은 남성들과 마찬가지로 식민지 제국에 예속된 존재이고, 또한 남성들과 달리 사회적 힘의 주도권을 갖고 있던 남성들에 예속된 존재이다(허현숙, 「신화에서 역사로: 예이츠와 이반 볼란드 시에서의 여성」, 『한국예이츠저널』, 한국예이츠학회 2004년 겨울 제22권: 143-163)."

예이츠가 그려내는 여성에 대한 역설적인 이미지는 오히려 식민 조국 내에서 발생하는 타자의 이미지를 공고히 할 뿐이고, 그 안에서 여성들은 거시적 의미에서의 식민지의 타자로서 그리고 남성 작가의 시선에 의한 타자의 이미지로 이중적인 고통을 감수해야만 한다. 그러나 여전히 예이츠가 아일랜드의 해방공간으로 내세우는 유토피아적인 주장들은 오히려 억압받는 집단을 위해 말한다는 것이 결과적으로 그들의 목소리를 죽이는 데 공모하게 된다.

XXI. THE DANCER AT CRUACHAN AND CRO-PATRICK

I, PROCLAIMING that there is
Among birds or beasts or men
One that is perfect or at peace.
Danced on Cruachan's windy plain,
Upon Cro-Patrick sang aloud;
All that could run or leap or swim
Whether in wood, water or cloud,
Acclaiming, proclaiming, declaiming Him.

《해설》

기쁨 속에서 신을 찬미하는 화자의 모습이 한껏 표현되어 있다. 화자는 만물 중 온전한 평화를 누리는 존재는 인간임을 고백하며, 이에 대한 기쁨을 하늘·땅·물 어디에서든 표출해 낼 수 있음을 보여준다.

XXI. 크루안과 크로-패트릭에서의 댄서

염주경

나, 선포하네
날짐승이나 길짐승이나 사람 중에
온전한 평화 누리는 하나 있음을.
바람 센 크루안 평야에서 춤추고,
크로-패트릭 위에서 목청껏 노래 부르며,
그리고 달리거나 뛰어오르거나 헤엄치지
숲에서든, 물에서든, 구름 속에서든
하나님을 맞이하고, 선포하고, 찬양하며.

1890년 존 토드헌터(John Todhunter)의 『시실리아의 목가』(*A Sicilian Idyll*)에서 예이츠가 처음으로 본 플로렌스 파(Florence Farr)
(출처: Catherine Fahy. *W. B. Yeats and his Circle*. The National Library Ireland. 1989. p. 35)

XXII. TOM THE LUNATIC

Sang old Tom the lunatic
That sleeps under the canopy:
'What change has put my thoughts astray
And eyes that had so keen a sight?
What has turned to smoking wick
Nature's pure unchanging light?'

'Huddon and Duddon and Daniel O'Leary.
Holy Joe, the beggar-man,
Wenching, drinking, still remain
Or sing a penance on the road;
Something made these eyeballs weary
That blinked and saw them in a shroud.'

'Whatever stands in field or flood,
Bird, beast, fish or man,
Mare or stallion, cock or hen,
Stands in God's unchanging eye
In all the vigour of its blood;
In that faith I live or die.'

XXII. 미치광이 톰

김주성

천개 밑에서 잠을 자는
미치광이 톰이 노래했다.
"어떤 변화가 그리도 날카롭던 시각을 가진 내 눈과 생각을
혼란스럽게 만들었는가?
무엇이 자연의 순수하고 변하지 않는 빛을
그을음 나는 심지로 바꾸어 버렸는가?

허든과 더든과 다니엘 올리어리,
그리고 거지 홀리 조는
계집질하고 술 마시며
여전히 길 위에서 속죄의 노래 부르며 빈둥거린다.
무엇인가가 그들이 수의 입고 있는 것을 보았던
깜빡이던 눈알을 피곤하게 만든다.

땅 위와 물속에 있는 모든 것들,
새, 짐승, 물고기와 사람,
암말과 수말, 암탉과 수탉,
그 피 속의 모든 정력 속에서
신의 변하지 않는 시야 속에 존재한다.
나는 이런 믿음 속에서 살고 죽는다.

《해설》

이 시는 1931년 7월 27일 『어쩌면 노랫말로』에 처음 실렸다.

여기에서 톰(Tom)은 런던에 있는 정신병원 베들램(Bedlam: St. Mary of Bethlehem)에 있는 입원환자들을 부르던 "Tom O'Bedlam"에서 비롯되었다. 또 전통적으로 "Tom Fool"은 바보나 허풍선이들을 이르는 용어이기도 했다. 이런 미치광이의 눈에 비친 세상은 자연의 빛이 아니라 그을음으로 덮인 혼돈의 세상이다. 본연의 자연에서 왜곡된 현실이 인간을 미치광이로 만들었다. 이 세상을 상징적으로 대변하는 허든과 더든과 다니엘 올리어리, 그리고 아일랜드의 광적인 믿음을 풍자하는 거지 홀리 조가 이 세상과 조화를 이루지 못하고 방황하는 모습을 그리고 있다.

그리고 마지막 연에서 시인은 자신이라도 원초적인 믿음 속에서 존재하리라고 다짐을 하고 있다. 여기에서의 신은 기독교의 신이 아니라 예이츠의 신화적 철학세계에서 존재하는 절대적인 존재이다.

소설가이자 아일랜드 문학극장
(Irish Literary Theatre)의 설립자,
조지 무어(1852~1923)
(출처: Catherine Fahy. *W. B. Yeats and his Circle*. The National Library Ireland. 1989. p. 35)

XXIII. TOM AT CRUACHAN

On Cruachan's plain slept he
That must sing in a rhyme
What most could shake his soul:
'The stallion Eternity
Mounted the mare of Time,
'Gat the foal of the world.'

《해설》

이 시에 나오는 '크록한'(Cruachan)은 코노트(Connacht)의 옛 수도로 '메이브 여왕'(Queen Maeve)의 권좌가 있는 곳이며, 아일랜드의 전설적인 영웅들의 매장지이다. 이 시에서 늙은 톰은 '크록한'의 평원에 누워 잠을 자지만, 잠에서 깨어나자마자 물질세계인 우주를 신의 성스러운 창조물로 여긴다. 그리하여 불멸을 상징하는 '남성의 원리'와 죽음을 상징하는 '여성의 원리'에 의해 창조된 이 세상을 노래하지 않을 수 없다.

이 시에서 '미치광이 늙은 톰'(old Tom the lunatic)은 '미친 제인'(Crazy Jane)의 남성 상대역으로 등장하여 인간에게 작용하는 '영원'과 '시간'의 이율배반적인 두 힘을 화해시키는 역할을 하고 있다. 왜냐

XXIII. 크록한에 있는 톰

한일동

크록한의 평원에 잠들어 있는 톰,
영혼의 감흥(感興)을
시로 노래해야만 하는 사람,
영원(永遠)의 종마(種馬)가
시간의 암말을 타고
현세(現世)의 새끼 말을 잉태시켰다.

하면 이 세상은 이 두 힘에 의해서만 설명이 될 수 있고, '탄생' 또한 이 두 힘에 의해서만 가능하기 때문이다. 결국 인간은 '시간'과 '영원'의 양면성을 지니고 있기 때문에 '죽어가면서도 파멸되지 않는' 복합성을 지닌 존재이다.

한편, 이 시에서 미치광이 '늙은 톰'은 성(性)의 이미지를 사용하여 창조의 원리를 설명하고 있는데, 짝짓는 암수 말의 이미지는 '미친 제인'의 시에 나오는 이미지처럼 노골적이고 음탕한 것이 특징이다.

결국 이 시는 윌리엄 블레이크(William Blake)의 『천국과 지옥의 결혼』(*The Marriage of Heaven and Hell*)에 나오는 "영원은 시간의 생성과 결혼한다."(Eternity is in love with the productions of Time.)는 유명한 구절로 요약된다.

XXIV. OLD TOM AGAIN

Things out of perfection sail,
And all their swelling canvas wear,
Nor shall the self-begotten fail
Though fantastic men suppose
Building-yard and stormy shore,
Winding-sheet and swaddling-clothes.

《해설》

이 시에 등장하는 톰은 이 시 바로 전에 있는 두 편의 시, 「미치광이 톰(“Tom the Lunatic”)과 「크록한에 있는 톰」(“Tom at Cruachan”)에 나오는 톰이다.

이 시에서 톰은 인간의 업적, 인간의 탄생과 죽음에 대해 착잡한 마음으로 성찰하고 있다. ‘항해’(sailing), ‘건축’(building), ‘폭풍’(storms), ‘탄생’(birth), ‘죽음’(death) 등의 이미지는 인생의 여정을 상징한다.

XXIV. 늙은 톰의 또 하나의 노래

한일동

사물들이 완전으로부터 출항한다
돛에 바람을 가득 머금고,
저절로 생겨나는 것은 파손(破損)되지 않는다
비록 공상가들이
조선장(造船場)과 폭풍이 이는 해변,
수의(壽衣)와 배내옷을 상상한다 해도.

이 시에서 화자는, 사물은 지상의 조선장에서 만들어지는 것이 아니라 플라톤의 이데아의 세계, 즉, 완전세계로부터의 출항으로 만들어진다고 주장한다. 그러므로 이데아의 세계는 창조되는 것이 아니며, 그 속성 또한 불변이며 영원하다.

인간의 존재 역시 영혼에서 나와 영혼으로 복귀하므로 불멸성을 지닌다. 그러므로 공상가들(경험주의자들)이 주장하는 탄생이니 죽음이니 하는 것들은 아무런 의미가 없다는 것이다.

결국 이 시가 주고자 하는 메시지는 지상에서의 삶의 시작과 끝은 모두가 허구라는 것이다.

XXV. THE DELPHIC ORACLE UPON PLOTINUS

Behold that great Plotinus swim,
Buffeted by such seas;
Bland Rhadamanthus beckons him,
But the Golden Race looks dim,
Salt blood blocks his eyes.

Scattered on the level grass
Or winding through the grove
Plato there and Minos pass,
There stately Pythagoras
And all the choir of Love.

《해설》

『어쩌면 노랫말로』의 시편은 모든 지혜의 원천인 델포이(Delphi) 신탁의 목소리로 끝이 난다. 「플로티누스에 대한 델포이 신탁」("The Delphic Oracle Upon Plotinus")은 「델포이 신탁에 부치는 뉴스」("News for the Delphic Oracle")와 대조가 되는 시로, 이들은 각각 천국과 현세의 삶을 찬미하고 있다.

XXV. 플로티누스에 대한 델포이 신탁(神託)

한일동

보아라, 위대한 플로티누스가
파도에 시달리며 헤엄치는 것을.
온화한 라다만더스가 손짓하여 그를 부른다
그러나 그에게는 황금의 종족들이 희미하게 보일뿐이다
염수(鹽水)로 두 눈이 충혈(充血)되어 제대로 보이지 않기에.

잡목 숲을 휘돌아 가면
평평한 초원에 산재(散在)하여
플라톤이 저 곳에 있고, 미노스를 스쳐 지나가면
그 곳에 있는 것은 당당한 피타고라스와
사랑을 찬미하는 합창단의 모습.

「플로티누스에 대한 델포이 신탁」은 플로티누스의 제자 포피리(Porphyry)가 쓴 『플로티누스의 생애』 제22-24장에 토대를 두고 있다. 이 부분에서 플로티누스의 또 다른 제자 아미리우스(Amelius)는 델포이 신탁에게 자기 스승의 영혼이 사후(死後)에 어디로 갔는지를 묻는데, 이 시는 이 질문에 대한 답으로 구성된다.

이 시에서 델포이 신탁은 그리스적인 천국의 이상을 보여주고 있다. 신플라톤주의자(Neo-platonist) 플로티누스는 염수로 두 눈이 충혈 되는 난관을 무릅쓰고 열심히 바다를 헤엄쳐서 엘리시움(Elysium: 이상향)에 도달하려 한다. 여기에서 바다는 현세의 갈등과 변화를 상징한다. 엘리시움에서는 죽은 자의 심판관 중의 한 사람인 라다만더스가 플로티누스를 손짓하여 부르지만, 플로티누스는 그곳 주민들인 '황금의 종족'을 단지 희미하게만 볼 수 있을 뿐이다. 왜냐하면 염수로 두 눈이 충혈되어 있기 때문이다. 여기에서 '피'(blood)는 현세의 삶에 대한 상징이다. 이 연에서 플로티누스는 아직 엘리시움에 안착(安着)하지 못하고 있는데, 이는 델포이 신탁이 엘리시움에 이르는 여정의 어려움과 목표를 보는 것의 어려움을 특별히 강조하고 있는 것으로 추정된다.

제2연은 조화와 기쁨으로 충만한 목가적(牧歌的)인 천국의 모습을 보여주고 있다. 이곳에는 현세를 떠나온 영혼들인 미노스(Minos), 라다만더스(Rhadamanthus), 그리고 아이아코스(Aeacus)가 심판관 역할을 하고 있다. 이들은 제우스(Zeus)와 에우로페(Europa) 사이에 태어난 '황금의 종족'의 형제들이다. 또한 이 축복받은 천국의 섬에는 세 부류의 사람들, 즉, 철학자, 음악가, 연인들이 모여서 불멸의 사랑을 노래하는 합창단을 이루고 있다. 이들은 비전의 경지에 쉽게 도달할 수 있는 인물들이므로 현세를 떠나는 것도 한결 용이했을 것이다.

「델포이 신탁에 부치는 뉴스」는 「플로티누스에 대한 델포이 신탁」과는 대조적으로 육체적 쾌락이 지고(至高)의 선(善)임을 강조함으로써, 이 시가 「플로티누스에 대한 델포이 신탁」의 연작시이면서 동시에 이 시의 주제를 반박하는 역할을 하고 있다. 이는 시 「비잔티움」("Byzantium")이 「비잔티움으로의 항행」("Sailing to Byzantium")의 후속편이면서 앞 시의 주제를 반박하는 것과 유사한 면이 있다.

□ 시집 □

『젊었을 때와 늙었을 때의 여자』

A Woman Young and Old

I. FATHER AND CHILD

She hears me strike the board and say
That she is under ban
Of all good men and women,
Being mentioned with a man
That has the worst of all bad names;
And thereupon replies
That his hair is beautiful,
Cold as the March wind his eyes.

《해설》

예이츠의 대표적 연시 가운데 하나인「젊었을 때와 늙었을 때의 여자」("A Woman Young and Old")의 첫 작품인 이 시는 제목 그대로 아버지와 딸 사이의 짤막한 대화로 되어 있다.

도덕적으로 나쁜 남자 친구 때문에 뭇사람들로부터 평판이 좋지 않다고 딸을 나무라는 아버지와, 그런 아버지에게 오히려 애인의 아름다운 외모를 자랑하는 딸의 대화로 되어 있는 이 시는 비록 아버지가 화자로 되어 있지만 그 중심은 마지막 부분의 딸의 대답에 놓여 있다고 할 수 있다. 이렇게 보면「젊었을 때와 늙었을 때의 여자」의 다른 시들과 마찬가지로 이 작품 역시 여성의 성적 욕망에 대한 긍정과 옹호를 주제로 하고 있다고 할 수 있다.

I. 아버지와 자식

윤정묵

내가 책상을 치며 그녀에게
하는 말. 못된 중에서도 가장 못된
녀석과 함께 입에 오르내리니
모든 좋은 사람들의
비난을 받을 수밖에 없다고.
그러자 내 딸아이 대답하기를,
그의 머리카락은 아름답고,
눈은 삼월 바람처럼 시원해요.

이 시의 화자인 아버지가 한 가정의 가장(예이츠 자신을 포함하여)을 의미하면서 동시에 아일랜드 가톨릭교회의 신부("Father"로 불리는)를 의미한다고 할 때, 이 시는 특히 여성의 육체와 욕망을 비하하고 죄악시한 아일랜드 가부장제 사회와 가톨릭교회에 대한 비판을 동시에 시도하고 있다고 할 것이다. 아버지가 딸을 나무라면서 들이대는 "좋은"(good)이나 혹은 "못된"(bad) 등의 기준은 여성의 성문제에 관한 아일랜드 가부장제 사회와 가톨릭교회의 기본적인 인식과 가르침을 그대로 반영하고 있다. 그 기준은 철저한 청교도적 도덕주의에 기초한 것이다. 그것에 도전하여 남자 친구의 "아름다운" 모습을 내세우는 딸아이의 대답은 대조적으로 미학적인 기준에 근거하면서 그 표현은 감각적이고 비유적이다. 그녀가 예로 들고 있는 아름다운 머리카락과 바람처럼 시원한 눈은 성적 욕망을 상징하면서 동시에 기존의 억압적인 도덕률에 대한 저항을 상징하고 있다고 볼 수 있다.

이 시는 여러 의미에서 예이츠의 시 「나의 딸을 위한 기도」("A Prayer for my Daughter")를 연상시킨다. 우선 두 작품이 아버지와 딸의 관계, 특히 모든 아버지들이 갖기 마련인 한 여성으로서의 딸에 대한 염려와 그녀의 행복에 대한 소망을 다루고 있다는 점이 비슷하다. 또한 두 시에서 화자에게 있어서 딸의 행복을 위협하는 대상이 모두 바람의 이미지로 표현되어 있는 점도 비슷하다. 「나의 딸을 위한 기도」에서 실제적으로 밖에서 부는 "바다 바람"과 모드 곤과 같은 여성들이 "요란한 풀무"처럼 뿜어내는 "분노의 바람"이 모두 딸의 미래의 삶을 위협하는 것들을 상징하고 있는 것처럼, 「아버지와 자식」에서 아름다운 청년의 "삼월 바람"은 딸을 유혹하여 타락시키는 "못된" 것들을 상징한다.

그러나 이러한 유사점에도 불구하고 두 시 사이에는 근본적인 차이점이 존재한다. 앞의 시에서는 모든 것이 아버지인 "나"(시인)의 관점에서 판단되고 결정되면서 그가 이상적으로 생각하는 삶, 즉 "모든 것이 관습화되고 격식을 갖춘" 형태의 삶을 미래의 딸을 위하여 분명하게 제시하고 있지만, 후기 시에서는 그러한 아버지와 거기에 도전하는 딸아이가 동등한 자격과 권위를 갖고 맞서고 있다. 앞에서 말한 대로 오히려 이 시의 중심은 딸아이의 답변에 드러난 성적 상상력과 그 힘에 있다고 할 수 있다.

이렇게 보면 예이츠는 이 시에서 인간의 성적 욕망, 특히 여성의 욕망은 더 이상 관습이나 격식과 같은 사회적 인습이나 도덕률로 억압되고 통제될 수는 없다는 것을 보여주고 있는 셈이다. 물론 이러한 해석을 가능케 하는 요인 중의 하나는 화자인 아버지의 일방적인 생각과 느낌을 기술하고 있는 「나의 딸을 위한 기도」와는 달리 아버지와 딸 두 사람의 대화를 그대로 기술하면서 오히려 딸의 말에 무게의 중심을 두고 있는 이 시의 형식 때문이다.

예이츠와 두 자녀 앤과 마이클
(출처: Micheál Mac Liammóir and Eavan Boland. *W. B. Yeats*. Thames and Hudson. 1998. p. 94)

Ⅱ. BEFORE THE WORLD WAS MADE

If I make the lashes dark
And the eyes more bright
And the lips more scarlet,
Or ask if all be right
From mirror after mirror,
No vanity's displayed:
I'm looking for the face I had
Before the world was made.

What if I look upon a man
As though on my beloved,
And my blood be cold the while
And my heart unmoved?
Why should he think me cruel
Or that he is betrayed?
I'd have him love the thing that was
Before the world was made.

《해설》

이 시는 여성의 아름다움과 사랑의 표현에 대한 사회의 통념과 시각이 어떻게 잘못되어 있는가를 보여준다. 재미있는 것은 여기에서 화자

Ⅱ. 세상이 만들어지기 전

윤정묵

눈썹을 짙게 하여
눈을 더 밝게 하고
입술 더 붉게 칠하여,
이리저리 거울 보며
잘 되었는지 살펴보아도,
어디에도 허영은 없네.
세상이 만들어지기 전의
내 얼굴 찾고 있으니.

사랑하는 임을 보듯
남자를 바라보아도
피는 뜨겁지 않고
가슴 뛰지 않으니 어이할까?
왜 그는 내가 잔인하고
자기를 배신했다고 생각할까?
세상이 만들어지기 전에 있었던 그것을
그가 사랑했으면 좋으련만.

가 그 비판의 수단으로서 여성을 영원한 미의 상징으로 이상화하는 시적 관례 혹은 전통을 이용하고 있다는 점이다. 먼저 첫 연에서 화자는 자신의 얼굴을 아름답게 하기 위하여 화장을 하고 거울에 비춰보면서 그러한 행위가 결코 남자들이 비난하듯이 "허영"의 표시가 아니라고

말한다. 왜냐하면 그녀는 화장의 행위를 통하여 "세상이 만들어지기 전의 내 얼굴," 즉 영원한 미의 상징으로서의 자신의 얼굴을 찾고 있기 때문이라는 것이다. 여성의 아름다움, 혹은 영원한 미의 상징으로서의 여성의 아름다움의 주제는 예이츠가 초기 시부터 다루어 온 주제이기도 하다. 대표적으로 그의 시 「세상의 장미」("The Rose of the World")는 아름다운 여성의 이미지를 통하여 그 아름다움이 영원한 미의 상징적 표현이며 그 영원의 미는 하늘의 천사들보다도 먼저 존재하였다는 사실을 노래한다. 그의 또 다른 시 「아담의 저주」("Adam's Curse")는 "여성으로 태어난다는 것"은 곧 "아름다워지기 위하여 노력해야 한다는 것"이며 그것은 시를 쓰는 일이나 사랑하는 일과 마찬가지로 타락한 이 세상에서 몇 안 되는 아름답고 가치 있는 일이라고 노래한다. 그러니까 「세상이 만들어지기 전」에서 시인이 의도한 것은 지극히 육체적이고 외면적인 여성의 화장 행위를 영원한 미의 추구라고 하는 정신적이고 내면적인 행위와 결합시킴으로써 여성의 육체를 이상적으로 드높이는 것으로 볼 수 있다. 그와 동시에. 여성의 육체와 그 욕망을 비하하고 규제하려는(화장을 "허영"의 표시로 보는 것과 같은) 사회의 잘못된 시각을 비판하고 있는 것으로도 볼 수 있다.

다음 제2연은 제1연의 화장의 이미지를 발전시켜 그것을 사랑의 문제에 연결한다. 여성의 화장과 사랑은 무슨 관계가 있는가? 우리는 그 관계를 화자가 추구하고 있는 영원한 미의 관점에서 생각해 볼 수 있다. 적어도 이 시의 화자에게 있어서 그것들은 "세상이 만들어지기 전"에 존재하였던 영원한 미에 대한 추구의 다른 양상이라고 할 수 있다. 따라서 제1연에서 자신의 화장의 행위를 단순한 겉 외모의 치장으로만 착각하고 "허영"의 표시라고 생각하는 남성들을 비판하는 것이나, 제2연에서 영원한 미를 추구하는 자신의 깊은 내면적 진실을 이해하지 못하고 겉으로 드러난 감정이나 태도만을 보고 그것을 사랑이라고 잘못 생각하는 남성들을 비판하고 있는 것은 당연하게 보인다. 화자의 말대로 그러한 남성들은 여성의 "피"와 "가슴"을 뜨겁게 움직일 수 없을 것이고, 오히려 그녀가 "잔인한" 여자이며 "자신을 배신하였다."라고 불평만 할 것이다. 그래서 화자는 그들에게 "세상이 만들어지기 전에 있었던 그것" 즉 영원한 미를 여성에게서 찾고 사랑하라고 말하는 것이리라.

그러나 다른 한편으로 보면, 이 시의 화자가 여성의 화장을 단순한 허영의 표시로 보는 사회의 잘못된 편견이나 여성의 내면적 진실은 보지 못한 채 오직 외양만을 보고 사랑으로 착각하는 남성들의 잘못된 시각을 비판하고 있는 것은 전혀 문제가 없는 것일까? 먼저 제1연에서 화장이라고 하는 것이 결국은 실제의 얼굴 위에 쓰는 일종의 가면(마스크)과 같은 것이라고 한다면 어떻게 그것이 진정한 의미에서 영원한 미의 구현에 이르는 길이 될 수 있겠는가? 그리고 한 걸음 더 나아가, 도대체 영원한 미의 상징으로서의 여성의 의미라는 것은 무엇인가? 한편으로 그것은 여성의 존재를 한없이 드높이고 이상화하는 제스처로 보일 수도 있지만, 다른 한편으로 그것은 현실 속에 실제로 존재하는 여싱의 삶의 진실들을 가리고 있는 하나의 낭만적 이데올로기에 지나지 않는 것이 아닌가? 특히 이 시가 성적으로 매우 보수적이고 억압적인 1920년대 아일랜드의 상황을 배경으로 하고 있는 사실을 염두에 두고 볼 때, 영원한 미의 상징이라는 개념을 통한 여성의 이상화는 진정한 여성의 지위 향상과 억압으로부터의 해방과는 거리가 먼, 남성 위주 사회의 또 하나의 성적 이데올로기에 지나지 않은 것일 수도 있다. 따라서 제2연에서 그녀가 남성들에게 "세상이 만들어지기 이전에 있었던" 자신의 영원한 미를 찾아 사랑하라고 말하는 것도 문제의 진정한 해결책은 될 수 없을 것이다. 이처럼 이 시는 영원한 미의 상징으로서의 여성의 아름다움이라는 시적 개념을 사용하여 여성의 육체와 사랑에 대한 남성 사회의 잘못된 시각을 비판하면서도, 다른 한편으로는 추상적이고 비현실적인 그 개념이 어쩔 수 없이 가질 수밖에 없는 한계점과 문제점을 함께 드러내고 있다고 할 수 있다.

Ⅲ. A FIRST CONFESSION

I admit the briar
Entangled in my hair
Did not injure me;
My blenching and trembling
Nothing but dissembling,
Nothing but coquetry.

I long for truth, and yet
I cannot stay from that
My better self disowns,
For a man's attention
Brings such satisfaction
To the craving in my bones.

Brightness that I pull back
From the Zodiac,
Why those questioning eyes
That are fixed upon me?
What can they do but shun me
If empty night replies?

Ⅲ. 최초의 고백

윤정묵

제 머리카락에 엉킨
가시나무에 제가 다친 게
아니라는 걸 고백합니다.
제가 움츠리고 떤 것은
단지 아픈 척했을 뿐,
단지 아양 떤 것뿐이지요.

저도 진리를 갈망하지요. 허지만
제 양심이 거부한 것을
멀리할 수가 없습니다.
왜냐하면 남자들의 시선이
제 뼛속 갈망을 더없이
만족시켜 주기 때문이에요.

제가 황도대로부터
끌어오는 밝은 빛,
저를 응시하며 묻고 있는
저 눈은 웬 까닭이지요?
만일 공허한 밤이 대답하면
그들은 저를 피하는 수밖에 없겠지요?

《해설》

이 시는 여성 화자가 자신의 성적 욕망과 그 체험에 대하여 처음으로 고백하는 내용으로 되어 있다. 제1연에서 화자가 전혀 아프지도 않으면서 움츠리고 떨며 아픔을 가장하는 것은 그녀의 말마따나 일종의 "아양 떪"에 지나지 않다. 그러나 그녀는 이러한 행동이 사랑하는 남자의 "시선"을 끌고 그의 사랑을 얻는 데 필요한 것임을 안다. 특히 여성의 성에 대하여 보수적이고 억압적인 사회에서, 따라서 그만큼 여성에게 사랑의 가능성과 기회가 적은 사회에서 여성이 사랑하는 남자를 얻기 위해서는 그러한 행동과 제스처가 하나의 유효한 전략이 될 수도 있을 것이다. 이렇게 보면 그녀의 행동은 남성 위주 사회의 위선적인 성문화에 그녀가 순응하고 있는 것으로 보일지도 모른다. 그러나 다른 한편으로, 그녀가 자신의 행위의 의미를 잘 알고 있다는 점에서 보면 그녀의 행위는 사회의 위선적인 성문화에 대한 조롱과 풍자의 제스처일 수도 있는 것이다.

이어 제2연에서 여성 화자는 자신의 노력에도 불구하고 그녀가 남성에 대한 욕망을 결코 멀리할 수 없는 것은 사랑하는 남자의 "시선"이 그녀의 "뼛속 갈망"을 만족시켜 주기 때문이라고 고백한다. 즉 자연스러운 생리적 현상이라고 할 수 있는 그녀의 성적 욕망은 그녀의 양심이나 분별력에도 불구하고 그녀로 하여금 남자의 관심과 시선을 끌기 위하여 시치미 떼고 아양 떠는 여자가 되게 하는 것이다. 이 부분 역시 한편으로는 여전히 남성의 "시선"에 붙잡혀 있는 그녀의 모습을 보여주지만, 다른 한편으로는 화자의 대담한 성적 욕망의 표현을 통하여 억압적인 사회에 대한 도전적인 모습을 보여주고 있다고 할 수 있다.

이 시에서 가장 난해한 부분으로 보이는 제3연에서 여성의 욕망은 단순히 자연적이고 생리적인 세계를 벗어나 우주적인 세계와 연결된다. 제2연에서 자신의 육체적 욕망을 “뼛속 갈망”으로 표현한 화자는 여기에서 자신의 육체와 그 욕망의 아름다움을 “황도대로부터 끌어오는 빛”으로 표현한 것이다. 마치 「세상이 만들어지기 전」(“Before the World was Made”)에서 화자가 자신의 얼굴의 아름다움을 위한 화장의 행위를 세상이 만들어지기 전의 영원한 미에 연결시키는 것과 같다고 할 수 있다. 이처럼 자신의 육체적 아름다움과 욕망을 적극적인 방식으로 우주적 차원으로까지 확대하고 이상화한 화자는, 이러한 사실을 전혀 이해하지 못한 채 자신을 응시하며 무엇인가를 묻고 의심하는 “눈”에 대하여 오히려 무슨 이유 때문이냐고 묻는다. 아마 그 눈은 그녀의 진실을 이해하지 못하는 사랑하는 남자의 눈일 수도 있고, 더 나아가 그녀의 사랑의 표현을 못마땅하게 생각하는 사회 전체의 눈일 수도 있다. 그러니까 그녀의 물음은 자신의 육체와 성적 욕망을 이해하지 못하고 오히려 의혹의 시선으로 바라보는 “눈들”에 대한 그녀의 도전적 태도의 나타남으로 이해할 수 있는 것이다. 그러나 이러한 사실에도 불구하고 다음에 이어지는 그녀의 질문, 즉 만일 그녀에게 사랑과 욕망이 없는 “공허한 밤”만이 존재한다면 결국 그 눈들은 자신을 피할 수밖에 없지 않겠느냐는 물음은 여전히 그녀가 자신의 욕망과 사랑을 통하여 그 눈들을 붙잡아 두기를 원하고 있음을 말해 준다.

이처럼 이 시에는 화자의 적극적인 성적 욕망의 표현과 보수적인 사회에 대한 비판과 함께, 사회의 시선과 비판을 지나치게 의식하고 있는 그녀의 소극적인 태도와, 더 나아가 그러한 사회의 비판적인 시각 때문에 결국 자신의 사랑이 실패하지 않을까 하는 두려움과 불안함이 함께 드러나 있다. 물론 그 소극적인 태도와 불안의 원인이 한편으로는 사회의 억압적인 인식과 규범에 있는 것이 사실이다. 제목이 말하고 있는 “고백”이라는 행위를 요구하는 종교적 제도가 그 좋은 예가 될 것이다. 그러나 다른 한편으로는 그러한 사회의 인식과 체제로부터 완전히 벗어나지 못하고 거기에 사로잡혀 있는 그녀에게도 일정 부분의 원인이 있다고 할 수 있다. 이렇게 보면 그녀가 자신의 욕망과 사랑을 우주적 질서에 연결시키는 제스처도 이중적인 의미를 갖는다. 즉, 한편으로는 그것은 화자의 욕망을 단순히 육체의 생리적인 차원으로부터 인간을 초월한 우주적인 차원으로까지 확대하여 끌어올림으로써 육체와 욕망을 비하하는 사회의 편협한 인습에 대하여 비판을 가하는 것이지만, 다른 한편으로는 인간의 가장 실제적인 문제라고 할 수 있는 사랑과 욕망을 현실 세계로부터 유리시켜 추상화해 버리는 것이기도 하다.

이러한 점은 앞에서 살펴본 작품 「세상이 만들어지기 전」이 영원한 미의 개념을 통하여 남성 위주 가부장제 사회의 성윤리를 비판하면서 동시에 그 개념 자체의 한계성을 드러내고 있는 것과 같다고 할 수 있다.

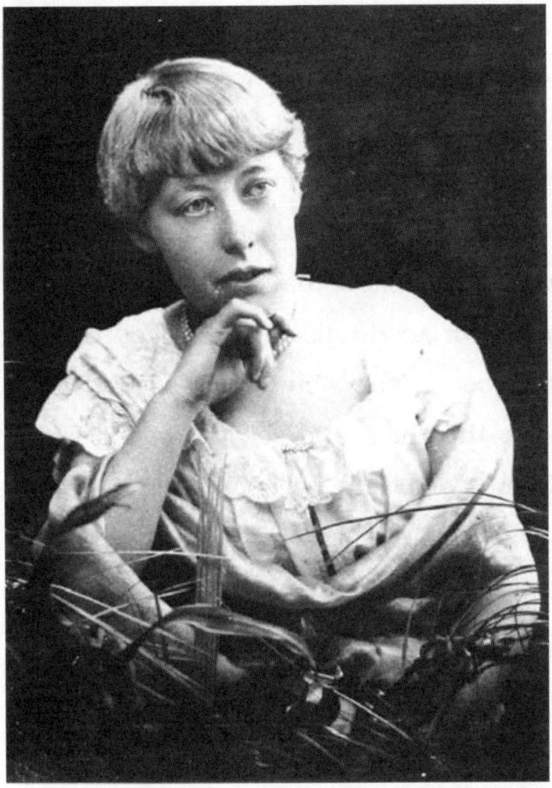

예이츠가 1885년에 처음 만났던 시인이자 소설가,
캐서린 티난(Katharine Tynan, 1861~1931)
(출처: Catherine Fahy. *W. B. Yeats and his Circle*. The National Library Ireland. 1989. p. 17)

Ⅳ. HER TRIUMPH

I DID the dragon's will until you came
Because I had fancied love a casual
Improvisation, or a settled game
That followed if I let the kerchief fall:
Those deeds were best that gave the minute wings
And heavenly music if they gave it wit;
And then you stood among the dragon-rings.
I mocked, being crazy, but you mastered it
And broke the chain and set my ankles free,
Saint George or else a pagan Perseus;
And now we stare astonished at the sea,
And a miraculous strange bird shrieks at us.

《해설》

이 연에는 호수에 사는 용을 죽이고 제물로 바쳐진 공주를 구한 기독교의 성인 조지(Saint George)와 바다 괴물의 제물로 바쳐진 안드로메다(Andromeda)를 구한 페르세우스(Perseus)의 일화가 등장한다. 여성 화자는 공주와 안드로메다와 중첩되며 성인 조지와 페르세우스 같은 사내와 여성 화자의 연인이 겹친다. 제1연에서 여성의 아버지가 반대하

Ⅳ. 그녀의 승리

구자광

당신이 오시기 전까지, 저는 용(龍)의 뜻에 따랐지요.
이전엔 사랑이란 때에 따른 무심한 반응, 또는
제가 손수건을 떨어지게 하면 뒤이어 오는
정해진 게임이라 상상했기 때문이에요.
이러한 행동들은 용의 비위에 맞으면, 용으로 하여금 하늘거리는 날갯짓과
천상의 소리를 내게 하는 최상의 것이었죠.
그러고 나서 당신은 용의 고리모양 몸통 사이에 서 계셨죠.
저는 당신을 비웃었죠, 제정신이 아니어서, 그러나 당신은 용을 정복하고
사슬을 끊고 제 발목을 풀어주셨지요,
성인 조지 아니면 이교도 페르세우스 같은 사람.
이제 우리는 놀라서 바다를 바라보고 있어요,
경이로운 괴조가 우리를 보고 새된 소리를 내지르고 있네요.

는 '평판은 좋지 않지만 머리카락이 아름답고, 서늘한 3월의 눈빛을 가진 사내'는 성인 조지 또는 이교도인 페르세우스 같은 사내이다. 성인 조지는 기독교 전파, 페르세우스는 안드로메다와 결혼 등으로 사내들의 승리로 그들의 이야기는 끝이 난다. 동화 속의 백설 공주, 신데렐라, 숲 속의 잠자는 공주 등의 이야기도 공주의 해방자인 남성과의 결혼으로 끝이 난다. 그들 모두는 '이후 언제나 행복하게'(happily ever after) 산 것으로 이야기는 끝을 맺는다. 우리는 결혼 이후의 그들의

삶에 대하여 알지 못한다. 그들의 여성으로서 가치는 남성의 성적 환상의 대상이 되는 십대 후반, 이십대 초반에 끝나 버린다. 이후에는 여성성은 사라지고 아내, 어머니의 역할만이 주어질 것이다. 그러나 제6연 이하를 보면, 이 여성 화자는 자신을 해방시킨 사내에 의하여 박제되지 않고 지속적으로 자신의 삶을 사는 인물이다. 동화 속의 주인공들처럼 수동적이 아닌 현실에 뿌리내린 능동적인 삶을 영위한다. 그녀는 노년에도 정념에 대한 생각을 멈추지 않고 꿋꿋이 자신의 정념을 표출하면서 산다. 그녀의 관점에서 보면, 사내들은 정념의 전리품이고 그들과의 사랑은 정념의 액세서리이다. 늙었을 때도 그녀는 우아하고 정숙하며 원숙미를 풍기는 동화 속의 나이든 여성 이미지인 현모양처형의 여인이 되지는 않는다. 그녀는 정념의 기회를 주어지면, 언제든지 포착할 준비가 되어 있는 피와 살이 생생하게 살아있는 인물이다. 그녀는 사회적 제약, 제도도 개의치 않는다. 오히려 그녀는 사회적 제도에 대한 근본적인 질문을 던지고 있다. 여성 화자가 추구하는 정념의 이러한 양상은 제4연에서 그 시초적 모습이 드러난다.

용과 바다 괴물은 전통적으로 전형화된 구식 사랑 방법을 상징한다. 이들의 죽음으로 구식 사랑 방법은 작동불능이 되어버렸다. 이들이 사라진 바다는 구식 사랑 방법을 해체시킨 이후에 여성 화자와 그녀의 연인이 느끼는 막막함을 상징한다. 그 막막함 앞에 연인들은 놀란다. 그리고 새는 과거의 사랑 방법으로부터 벗어난 자유와 새로운 사랑 방식이 출현할 수 있는 가능성을 상징한다. 규칙이 정해진 게임처럼 기계적으로 작동되는 구식 사랑 방법과는 다른 새로운 사랑이 가능하다. 평판과 상관없이 사내에게 첫눈에 반한 여성 화자는 기계적인 방식으로 설명되지 않는다. 이 여성은 더 이상 연예의 기본적인 틀 안에서 그때그때 임기응변식의 반응을 하거나 또는 남자를 끌기 위해 손수건을 일부러 떨어뜨리지 않을 것이다.

제 2연과 3연을 보면, 여성 화자는 사내를 해방자로 이해하기보다는 구식 사랑 방법에서 벗어나게 해준 계기를 제공하는 자로 받아들인다. 새로운 사랑의 행위를 하는 것은 여성 화자이다. 표면적으로는 승리는 사내의 것이고 그녀는 그의 전리품인 것 같지만, 궁극적으로는 승리는 구식 사랑 방법을 극복한 그녀의 것이 되는 것이다. 그래서 이 연의 제목은 '그녀의 승리'가 되는 것이다. 이 새로운 사랑 방법은 제5연에서 '정념'에 의한 것으로 구체화된다. 이 사랑 방법은 경이로울 수도 있고 기이할 수도 있는 것이다. 이 새로운 사랑 방법은 제5연에서 암묵적으로 제시하는 오이디푸스의 근친상간처럼 기이한 것이 될 수도 있다. 오이디푸스는 여인에 대한 경이로운 사랑을 했겠지만 그 여인은 어머니로 밝혀져 그의 사랑은 근친상간이라는 기이한 것이 되어버렸다. 용과 바다 괴물이 아버지를 상징한다면 용과 괴물을 죽인 사내를 연인으로 받아들인 여성 화자는 이미 심리적으로 부친살해를 범하고 있다. 「내 딸애를 위한 기도」("A Prayer For My Daughter")의 아버지는 어린 딸애가 이 시의 여성 화자처럼 되지 말고 아버지의 뜻에 따라 사랑하기를 기도한다. 그러나 이 아버지의 기도는 실현되지 않은 것 같다. 부친살해 모티브는 제5연의 배경인 오이디푸스의 운명인 부친살해와 근친상간을 예시한다.

Ⅴ. CONSOLATION

O BUT there is wisdom
In what the sages said;
But stretch that body for a while
And lay down that head
Till I have told the sages
Where man is comforted.
How could passion run so deep
Had I never thought
That the crime of being born
Blackens all our lot?
But where the crime's committed
The crime can be forgot.

《해설》

출생 이후에는 가혹한 운명에 시달릴 것이니 운명에 괘념치 말고 열심히 '현재를 즐기자'는 카르페 디엠(Carpe Diem)의 주제로 이 연을 해석할 수는 없다. 이 연의 이면에 놓인 것을 읽어낼 때 이 시 전체의 의도가 더 잘 밝혀질 수 있다. 이 연의 핵심 시구인 "태어남의 죄가 // 모든 우리 운명에 암운을 드리우는 법"으로 미루어보아 이 연의 이면에 숨겨진 것은 오이디푸스이다.

V. 위 안

구자광

오, 현인들의 말씀에는
지혜가 들어 있죠.
그러나 잠시 그 몸을 쭉 펴고
그 머리를 눕혀요
어디서 사내가 위안을 받는지
제가 현인들에게 말하기를 마칠 때까지.

태어남의 죄가
모든 우리 운명에 암운을 드리우는 법이란 것을 제가 결코 생각하지
않았었다면
어떻게 정념이 그렇게 깊이 흐를 수 있었겠어요?
아, 그 죄가 범해진 곳에서
그 죄는 잊힐 수 있어요.

이 연은 소포클레스(Sophocles)의 『오이디푸스 왕』(*Oedipus Rex*), 『콜로누스에 있는 오이디푸스』(*Oedipus at Colonus*)의 이야기를 배경으로 하고 있다. 모든 사건이 끝난 후 콜로누스에서 죽음을 맞이하는 오이디푸스는 태어나는 순간 운명에 암운이 드리웠기 때문에 "태어나지 않는 것이 최선이다."(Never to have lived is best.)라고 저주한다. 이 어구는 「사내가 젊을 때와 늙었을 때」("A Man Young and Old")의 11연 "'콜로누스에 있는 오이디푸스'로부터"(From 'Oedipus at Colonus') 에서 인용되고 있다. 오이디푸스의 탄생은 부친인 라이우스(Laius) 살해

와 어머니 조카스타(Jocasta)와 근친상간이란 끔찍한 그의 운명을 미리 결정해 놓고 있다. 『오이디푸스 왕』은 이 운명이 구체화되는 과정을 보여주는 작품이다. 오이디푸스는 부친살해와 어머니와 근친상간이란 무의식적 정념을 나타내는 오이디푸스 콤플렉스를 대변한다. 프로이트에 따르면, 아이는 출생과 더불어 오이디푸스 콤플렉스에 시달린다. 이후에 같은 성(性)을 지닌 부모와의 동일화작업을 통하여 오이디푸스 콤플렉스는 해소된다. 오이디푸스의 운명은 이런 오이디푸스 콤플렉스가 표출되는 모습을 보여준다. 여성화자는 인간은 출생과 더불어 오이디푸스 콤플렉스에 시달린다는 것을 알고 있다. 오이디푸스 콤플렉스에서 중요한 역할을 하는 것은 여성의 자궁이다. 오이디푸스 콤플렉스는 어머니라는 특정 여성의 자궁 접근 금지와 그 금지를 위반하는 것에 대한 것이다.

여성의 자궁은 출산과 정념이란 두 가지 기능을 갖는다. 아마 현인들이 지혜로서 강조하는 것은 자궁의 출산 기능일 것이다. 정념의 기관으로서 자궁은 출산 기능의 부차적인 역할만 맡게 된다. 그러나 여성화자는 현인들의 지혜를 온전히 무시하지는 않지만, 출산의 장소는 동시에 정념을 통하여 사내가 위안을 얻을 수 있는 곳이라고 주장한다. 그녀는 출산기능보다는 정념의 기관으로서 자궁의 가치를 주장한다. 여성화자의 주장에 따르면, 여성의 자궁은 생명의 탄생으로 앞날에 어두운 그림자를 던진 운명을 잠시 잊을 수 있게 해주는 곳으로 위안의 장소이며, 운명으로부터도 잠시 벗어날 수 있게 해주는 곳이다. 그녀의 말에 따르면, 자궁이 정념의 장소가 될 때에는 운명을 잊을 정도로 사내에게 위안을 제공한다. 오이디푸스도 자신의 여인을 정념의 눈길로 봤을 때에는 자신의 운명도 잊고 위안을 얻을 수 있었을 것이다.

그러나 오이디푸스의 경우 출생의 장소와 정념의 장소가 정확하게 겹쳐진다. 이 두 기능은 이 기관과 관계를 갖는 자의 지위를 엄격히 구분 짓는다. 출산의 기능은 어머니와 아이라는 위계적인 관계를 규정한다. 어머니는 자궁이 출산의 기능으로만 작용되는 경우이다. 정념의 장소로서 자궁은 여자와 남자의 성(性)적으로 대등한 관계를 설정한다. 출생의 장소가 출생한 아이의 정념의 장소가 될 때 위계질서는 무너진다. 어머니와 아내, 아들과 남편, 아들과 아버지의 차이도 무화되고 그와 관련된 모든 질서 관계도 무너진다. 오이디푸스가 정념에 빠진 여인은 어머니로 밝혀져 그의 사랑은 근친상간이 되어버렸다. 오이디푸스는 자신의 여인이자 어머니에 대한 정념의 결과로 자신의 두 명의 동생이자 아들인 에테오클레스(Eteocles)와 폴리니세스(Polynices)와 두 명의 누이이자 딸인 안티고네(Antigone)와 이스메네(Ismene)를 낳는다. 모든 가족관계의 질서가 무너져버렸다. 안티고네는 이 시의 11연 "안티고네'로부터"(From the 'Antigone')에서 다루어진다.

오이디푸스의 경우, 자신은 몰랐지만 정념이 운명보다 더 강하게 작용한 경우이다. 운명도 정념을 막을 수 없다. 정념은 탄생이 야기하는 어두운 운명보다 너 깊이 흐른다. 또한 정념은 『오이디푸스 왕』에서 볼 수 있듯이 순식간에 세상의 운영 방식을 전복시킬 수 있을 정도로 폭발적이다. 현인들의 지혜(근친상간 금지)는 이러한 상황을 막으려는 노력의 결과이다. 정념을 지혜로 통제, 억제하려고 한다. 그러나 정념은 영원히 길들여지지 않는다. 여성화자는 지혜로 통제되지 않는 정념의 모습을 밝혀내고 주장하고 있다. 정념은 지혜보다 우선한다. 제2연에서 세상이 만들어지기 전의 자신의 얼굴을 찾기 위해서 화장을 한다는 여성 화자의 주장은 단순히 화장을 해서 사내의 관심을 끌겠다는 것보다는 사내와의 사랑으로 세상을 운영하는 지혜보다 선행하는 정념을 경험하려는 시도이다. 사내는 그녀가 경험하려는 정념의 수단이 되고 전리품이 된다. 그녀의 정념은 사내를 소비한다.

여성은 어머니가 되기 전에 출산을 가능하게 하는 정념을 경험한다. 여자가 된 이후에 어머니가 되는 것이다. 정념의 장소로서 여성의 자궁은 출산의 장소로서 자궁보다 선행한다. 또한 출산의 기능이 정지

성 판크라체 교회 앞에 놓여 있는 예이츠의 관
(출처: Micheál Mac Liammóir and Eavan Boland. *W. B. Yeats*. Thames and Hudson. 1998. p. 124)

한 이후에도 정념의 기관으로서 자궁은 작동을 한다. 이 여성의 경우, 자궁의 출산 기능은 정념의 기관으로서 자궁에 부수적인 것이다. 이 여성은 그 사실을 숨기지 않는다.

제3연에서 언급하는 밝음(지혜)과 대비되는 '텅 빈 밤'은 지혜가 도달하지 못하는 정념의 영역이다. 정념은 '지혜'를 항상 벗어나며 '지혜'의 영역에 출몰하여 '지혜'를 해체한다. 그러므로 이 여성이 평판이 좋지 않은 사내와 사랑에 빠지는 것은 아버지나 현인들의 지혜로는 이해가 되지 않는다. 설명할 수 없는 '첫눈에 반한다'는 것은 정념은 순식간에 표출되며 지혜의 영역을 벗어난다는 말의 다른 표현이다.

슬라이고의 드럼클리프(Drumcliff) 교회에 있는 예이츠의 무덤

유명한 묘비명과 멀리 벤불벤 산의 봉우리가 보인다. 단 하퍼(Dan Harper)가 찍은 사진이다.

(출처: Brenda Maddox. *George's Ghosts*. Picador. 1999)

Ⅵ. **CHOSEN**

The lot of love is chosen. I learnt that much
Struggling for an image on the track
Of the whirling Zodiac.
Scarce did he my body touch,
Scarce sank he from the west
Or found a subterranean rest
On the maternal midnight of my breast
Before I had marked him on his northern way,
And seemed to stand although in bed I lay.

I struggled with the horror of daybreak,
I chose it for my lot! If questioned on
My utmost pleasure with a man
By some new-married bride, I take
That stillness for a theme
Where his heart my heart did seem
And both adrift on the miraculous stream
Where—wrote a learned astrologer—
The Zodiac is changed into a sphere.

Ⅵ. 선택된 것

문혜원

사랑의 운명은 선택되는 것.
소용돌이치는 황도대 12궁 궤도에서 상징을 얻으려
애쓰다가 깨달았지.
그는 내 몸을 거의 만지지 않았고,
서쪽으로부터 가라앉거나
지하에서의 휴식을
내 젖가슴 모성의 한밤중에서 찾는 일도 거의 없었지.
내가 그를 북향 길에서 발견하기 전에는,
그리고 난 침대에 누워 있으면서도 서 있는 것처럼 보였지.

나는 새벽의 공포와 씨름했지,
그걸 내 운명으로 선택했어! 만일 갓 결혼한 신부가
내게 남자와 누린 최고의 기쁨에 대해 묻는다면, 난
그 고요함을 주제로 삼으리라.
그의 마음과 내 마음이 하나가 되고
둘이 기적의 물결 위를 떠다니는 듯 하였다고
그곳에서 ―어느 박학한 점성가는 기록하기를―
황도대 12궁은 하나의 구체로 변하였다고.

《해설》

1926년 초반에 창작된 것으로 추정되는 「선택된 것」에 대하여, 예이츠는 지인에게 보내는 1926년 2월 26일자 편지에서 이 시의 운율을 존 돈의 「성 루시 축일의 야상곡」("Nocturnall upon St Lucie's Day")에서 영감을 받았음을 밝히고 있다. 시에 등장하는 '박학한 점성가'는 기원후 5세기경 신플라톤주의자인 마크로비우스(Macrobius)를 의미하며, 하나의 구체로 바뀌는 황도대 12궁은 남녀간의 사랑의 완성과 그 초월의 순간을 상징한다. 「선택된 것」에서 화자는 남녀가 사랑을 나눈 후에 필연적으로 다가오는 새벽의 정적을 말하고 있다. 새벽의 도래는 곧 사랑하는 상대와의 이별을 의미하기에 화자에게 새벽은 '공포'로 다가온다. 그러나 그 공포와 고통은 그가 선택한 운명이기도 하다. "나는 새벽의 공포와 씨름했지, 그걸 내 운명으로 선택했어!"라고 말하고 있듯이 화자는 자신이 선택한 운명을 기꺼이 받아들인다. 또한 사랑을 나눈 후 맞이하는 새벽의 정적은 공포가 아닌 '황도대 12궁이 하나의 구체로 변하는 초월의 순간'으로 비유되고 있다. 진정한 하나가 되어 완전한 결합을 이룬 화자와 그 연인은 이 순간에 완성과 완벽을 나타내는 플라톤의 구체로 상징된다. 즉, 이 사랑이 전체성과 영원함을 지닌 우주와 연결됨으로써 이 사랑은 초월의 순간을 맞이하고 우주와 순간적으로 합일을 이루게 되는 것이다.

슬라이고 지방의 라프 길(Lough Gill) 호수와 이니스프리 호도
(출처: Micheál Mac Liammóir and Eavan Boland. *W. B. Yeats*. Thames and Hudson. 1998. p. 116)

Ⅶ. PARTING

He. Dear, I must be gone
  While night shuts the eyes
  Of the household spies;
  That song announces dawn.
No, night's bird and love's
  BiShe. ds all true lovers rest,
  While his loud song reproves
  The murderous stealth of day.

He. Daylight already flies
  From mountain crest to crest.

She. That light is from the moon.

He. That bird ...

She. Let him sing on, I offer to love's play My dark declivities.

Ⅶ. 작 별

문혜원

남자. 내 사랑, 난 가야 하오
밤이 가정 염탐꾼들의 눈을
가리고 있는 동안
저 노래가 새벽을 알리고 있소.

여자. 아니, 밤의 새와 사랑은
모든 진실한 연인들에게 휴식을 권하죠,
아침이 잔인하게도 슬그머니 찾아오는 것을
큰 소리로 노래하며 꾸짖는걸요.

남자. 새벽빛이 이미 산꼭대기에서
산꼭대기로 날아오고 있소.

여자. 그 빛은 달빛인걸요.

남자. 저 새는 …

여자. 계속 지저귀게 놔두세요,
제 어두운 내리막길을
사랑의 유희에 내놓을 테니.

《해설》

1926년 8월에 창작된 「작별」은 애초에는 「선택된 것」의 결론 부분으로 구상되었다고 한다.

이 시에서 예이츠는 스윈번(Swinburne)의 「과수원에서」("In the Orchard")에서 에로티시즘을, 그리고 셰익스피어의 「로미오와 줄리엣」에 등장하는 종달새와 나이팅게일에 대한 문답 등의 모티브를 차용하고 있다. 「로미오와 줄리엣」에 대한 인유는 「아버지와 아이」('Father and Child')에 등장하는 도전적인 젊은 여성에 대한 주제와 연결되며, 이 연작시의 마지막 부분인 "안티고네로부터"(From the Antigone)로 끝을 맺고 있다.

앞의 「선택된 것」에서와 같이 「작별」에서 예이츠는 '태양/빛'과 '지구/어둠' 간의 상징적 결혼을 이야기하고 있으며, 염탐꾼의 눈에 노출될 위기에 있는 시 속의 사랑은 금기시되고 위험한 것이지만, 사랑을 일종의 유희로서 그리고 사랑을 가능케 하는 어둠을 사랑에 호의적인 존재로 재확인시켜 주고 있다.

말을 타고 있는 마키에비츠 백작부인(왼쪽)과 친구

(출처: Micheál Mac Liammóir and Eavan Boland. *W. B. Yeats*. Thames and Hudson. 1998. p. 86)

Ⅷ. HER VISION IN THE WOOD

Dry timber[1] under that rich foliage,
At wine-dark midnight in the sacred wood,
Too old for a man's love I stood in rage
Imagining men. Imagining that I could
A greater with a lesser pang assuage
Or but to find if withered vein ran blood,
I tore my body that its wine might cover[2]
Whatever could recall the lip of lover.

And after that I held my fingers up,
Stared at the wine-dark nail, or dark that ran
Down every withered finger from the top;
But the dark changed to red, and torches shone,
And deafening music shook the leaves; a troop
Shouldered a litter with a wounded man,
Or smote upon the string and to the sound
Sang of the beast that gave the fatal wound.

All stately women moving to a song
With loosened hair or foreheads grief-distraught,

---

1) Dry timber: 늙은 육체를 비유한다.

Ⅷ. 숲 속에서 본 그녀의 비전

윤일환

성스런 숲 속, 포도주색 검정빛의 한밤,
무성한 나뭇잎 아래 메마른 통나무마냥,[1]
남자의 사랑을 받기에는 너무 늙어버린 나는
울컥하며 서서 남자를 상상하였다. 작은 고통으로
큰 고통을 달랠 수 있으리라 상상하며,
혹은 말라버린 혈관에도 피가 흐르는지 보려,
내 몸에 상처를 내고,[2] 연인의 입술을 떠올릴 수 있는 것마다
그 포도주색 피로 발라 버렸다.

그리고 그 뒤 손가락을 들어올려
포도주색 검정빛 물든 손톱을 보았다, 아니 위에서부터
주름진 손가락 마디마다 흐르는 검정빛을 보았다.
그런데 그 검정빛은 붉은색으로 변했고 횃불이 타올랐고,
귀청이 터질 듯한 음악이 나뭇잎을 뒤흔들었다.
한 무리는 부상자를 들것에 어깨에 메고 있거나,
격렬히 현을 타며 그 소리에 맞춰
야수가 치명상을 입힌 것에 대해 노래하고 있었다.

노래에 맞추어 움직이는 아주 고귀한 여성들은
머리를 풀어 헤치거나 슬픔에 정신이 나간 이마를 하고 있었다.

---

2) I tore my body: 예이츠는 피가 종종 영혼을 불러낼 수 있다고 말한다(Ex 366 참조).

It seemed a Quattrocento[3] painter's throng,
A thoughtless image of Mantegna[4]'s thought—
Why should they think that are for ever young?
Till suddenly in grief's contagion caught,
I stared upon his blood-bedabbled breast
And sang my malediction with the rest.

That thing all blood and mire, that beast-torn wreck,
Half turned and fixed a glazing eye on mine,
And, though love's bitter-sweet had all come back,
Those bodies from a picture or a coin
Nor saw my body fall nor heard it shriek,
Nor knew, drunken with singing as with wine,
That they had brought no fabulous symbol there
But my heart's victim and its torturer.

《해설》

화자는 "남자의 사랑을 받기에는 너무 늙어버림"(Too old for man's love)에서 오는 슬픔을 마조-사디즘적인 비전을 통해 극복하려 한다.

---

3) 19행 Quatrocento: 15세기
4) Mantegna: 안드레 만테그나(1431~1506)는 그리스도의 십자기에 못 박힘이나 성 세바스찬의 순교와 같은 폭력적인 장면을 아름답게 그린 것으로 유명한 화가이다. 때때로 분간할 수 없을 정도로 혼동된 관점을 사용한다.

그것은 15세기[3] 화가의 무리 같기도 했고
만테그나[4]의 생각에서 나온 생각 없는 이미지 같기도 했다.
영원히 젊음을 누리는 그들이 왜 그 이미지를 생각하는가?
마침내 나도 갑자기 슬픔에 전염되어
피에 물든 남자의 가슴을 바라보며
다른 이들과 함께 저주의 노래를 불렀다.

온통 피와 진흙투성인 그것, 야수에 찢긴 폐잔자(廢殘者)는
반쯤 머리를 돌린 채 흐릿한 눈은 내 눈과 마주쳤다.
그러자, 쓰디쓴 달콤한 사랑이 모두 되돌아왔지만
그림이나 동전 속의 그 육체들은
내 몸이 쓰러지고 내 몸이 소리치는 것을 보지 못했다,
또한 포도주만큼이나 노래에 취해
그들이 저기 옮기는 것은 신화의 상징이 아니라
내 마음의 희생자이며 고문자임을 알지 못했다.

화자는 "울컥하며 / 남자를 상상하며"(in a rage / Imaging man) 숲 속에 서있다. 성적인 좌절감에서 벗어나기 위해 노파는 손톱으로 몸에 상처를 내고 이내 피가 흐른다. 이 피의 "포도주는 연인의 입술을 떠올릴 수 있는 것은 무엇이든지 덮어 감춘다"(its wine might cover / Whatever could recall the lip of lover) (CP 312). 이 피로 인해 곧 멧돼지에 찢겨 피 흘리며 죽어가는 아도니스와 같은 신화 속의 남자와 이 남자를 들것에 매고 슬퍼하고 있는 여인들의 비전이 떠오른다.

하지만 노파가 이 남자와 동일시하기 전에는 자신의 경험을 완전히 이해하지 못한다. 그런데 죽은 남자의 눈과 마주치자, 노파는 피 흘리고 있는 남자가 "신화의 상징이 아니라"(no fabulous symbol) 자신의 "마음의 희생자이며 고문자"(heart's victim and its torture)임을 갑자기 깨닫게 된다. 마지막 연에서 상징이 "어떠한 전설의 상징이 아니다"(no fabulous symbol)라고 하는 말은 노파의 동일시가 완결되었음을 암시한다. 이제 노파는 이 상징을 자신의 "마음의 희생자"(heart's victim)로 여긴다. 상징은 더 이상 아득한 신화 속의 사건이 아니라 자신에게 일어난 일이 된다. 아도니스의 고통을 자신의 고통으로 여기며 아도니스가 고통 받는 것처럼 자신도 고통 받는다.

그녀가 깨달은 사랑은 "쓰디쓴 달콤함"인데 고통과 즐거움 모두를 지니고 있기 때문이다. 사랑의 순간은 그의 "흐릿한 눈"이 그녀의 눈과 마주치는 순간이며 고통과 환희가 결합되는 순간이다. 이 순간 마치 환의의 절정에 사로잡힌 듯이 그녀는 쓰러지며 소리친다. 여기에서 그녀의 사랑은 단순히 신화 속의 사랑의 대리가 아니라 그녀 자신의 사랑이며 실제적인 것이다. 그녀에게 아도니스의 신화는 단순히 원초적으로 '은유적'이며 모방하거나 설명하는 의미를 갖는 것이 아니고 하나의 사실적 의미를 갖는다. 그 신화는 그녀에게 없어서는 안 되는 필수 요소를 형성하며 실재성을 갖는다.

이제 그녀는 연인과의 관계를 이해하며 젊음과 늙음의 관계를 이해한다. 그녀는 늙음에 대해 끔찍한 감정을 갖는 동시에 사랑의 쓰디쓴 달콤함을 이해하게 된다. 몸에 상처를 내어 상상하려 했지만 실패로 돌아갔던 성적인 갈망과 이 갈망을 해소하려던 열망은 희생자와의 동일시에 의해 채워진다. 사랑의 쓰디쓴 달콤함은 "모두 되돌아온다"(all come back). 그 결과 그녀는 이해의 폭을 넓힌다.

희생자와의 동일시를 통해 노파는 늙음의 고통에서 벗어나 사랑과 희생의 주체가 된다. 아도니스와 마찬가지로 그녀는 육체의 늙음에

1923년 12월 10일 스톡홀름의 스웨덴 아카데미 홀에서 노벨상을 받을 당시 수상 식장의 예이츠(상단의 왼쪽에서 네 번째에 앉아 있다.)
(출처: Micheál Mac Liammóir and Eavan Boland. *W. B. Yeats*. Thames and Hudson. 1998. p. 99)

더 이상 지배되지 않으며 동일시의 순간 세월의 한계를 벗어나 열정적인 사랑의 여수인공이 된다. 그런데 그녀의 비전은 단지 개인적인 것으로 그치지 않고 다른 이의 비전으로 확장된다. 그녀의 비전은 만테그나의 생각 없는 이미지가 되며 동시에 15세기 이탈리아 화가의 군중이거나 그림이 되며 동전 속의 인물이 된다.

IX. A LAST CONFESSION

What lively lad most pleasured me
Of all that with me lay?
I answer that I gave my soul
And loved in misery,
But had great pleasure with a lad
That I loved bodily.

Flinging from his arms I laughed
To think his passion such
He fancied that I gave a soul
Did but our bodies touch,
And laughed upon his breast to think
Beast gave beast as much.

I gave what other women gave
That stepped out of their clothes.
But when this soul, its body off,
Naked to naked goes,
He it has found shall find therein
What none other knows,

IX. 최후의 고백

안임수

활기찬 소년이 날 기쁘게 한 모든 것 중에서
가장 큰 즐거움은 무엇이었을까?
난 대답한다
내 영혼을 주고 불행 속에서 사랑했지만,
내가 몸 바쳐 사랑한 소년과 함께
한없이 즐거웠다고.

그의 품을 떨쳐내며 나는 웃었다
그토록 뜨거웠던 그의 열정을 생각하면서,
그는 내가 영혼을 주었다고 생각하지만 우린 몸으로 만났다
짐승처럼 나눈 사랑을 생각하면서,
그의 가슴에 누워
나는 웃었다.

의복을 벗어버린 다른 여자들이 준 것과
같은 것을 나는 주었다.
그러나 몸을 벗어난 이 영혼이
알몸에서 알몸으로 옮겨갈 때,
영혼은 깨달았다
거기서,
다른 누구도 알지 못하는 것을 알게 되리라는 것을.

And give his own and take his own
And rule in his own right;
And though it loved in misery
Close and cling so tight,
There's not a bird of day that dare
Extinguish that delight

《해설》

이 시는 1926년 6월경 쓰였고, 처음에는 1929년에 출판된 시집 『나선 계단』에 실렸다가 나중에 『젊었을 때와 늙었을 때의 여자』(*A Woman Young and Old*)에 옮겨 실었다. 이 시의 전반적인 내용은 이제 삶이 얼마 남지 않은 늙은 여인이 지난날을 회상하면서 마지막 고백을 하는 것이다. 육체적인 사랑과 영적인 것의 유리(벗어남)를 현세와 영원한 세상의 사랑의 대비를 통해 나타낸다. 육체적인 사랑의 즐거움은 결국 동물적인 것이며 영혼의 결합이 궁극적인 사랑이라는 것을 노래하고 있다.

첫 번째 연에서 육체를 사랑하는 젊은 남자와의 결합이 즐거웠지만 영혼을 교감하는 사랑은 비참해진다고 상호 대조적인 사랑을 제시하였고, 두 번째 연에서는 더 나아가 육체적인 사랑이 동물적인 것이라고까지 말하고 있다. 세 번째 연에서 영혼의 사랑이 다른 사람들이 알지 못하는 순수한 사랑을 찾을 수 있다고 하였고, 마지막 연에서는 이 세상의 비참한 사랑을 포기하고 이제는 벗어나야 할 때라는 것을 의미하고 있다.

그렇게 자기 자신의 사랑을 주고받으며,
영혼은 자신의 권한으로 지배한다.
그리고 비록 굳게 서로에게 매달려
고통 속에서 사랑했을지라도,
감히 그 기쁨을 꺼트릴 아침의 새 한 마리
어디에 있으랴!

제12행의 "Beast gave beast as much"에서 헨(Henn)은 예이츠가 존 스패로우(John Sparrow)에게 "성적인 결합의 비극은 궁극적으로 영혼의 순결함에서 기인한다."는 말을 상기시킨다. 제23행의 'bird of day'는 예이츠의 「젊음의 기억」("A Memory of Youth")에서나 「그녀의 승리」("Her Triumph"), 「이별」("Parting")에 나타난 새의 이미지와 같으며 사물을 영원하게 만드는 역할을 하고 있다. 즉 새 소리로 연인과의 이별을 의미하는 아침을 불러오는 실제적인 역할을 하면서 동시에 어느 정도는 초자연적이고 영원한 요소들을 상징하는 「비잔티움」("Byzantium")의 '황금새'와도 연결이 되고 있다. 즉 영원함과 영적인 것, 그리고 비판조의 모든 것들을 의미하고 있다.

X. MEETING

Hidden by old age awhile
In masker's cloak and hood,
Each hating what the other loved,
Face to face we stood:
'That I have met with such,' said he,
'Bodes me little good.'
'Let others boast their fill,' said I,
'But never dare to boast
That such as I had such a man
for lover in the past;
Say that of living men I hate
Such a man the most.'

《해설》

시집 『탑』(*The Tower*)에 실린 11편의 연작시 「젊었을 때와 늙었을 때의 남자」("A Man Young and Old")와 대응하는 구조로 되어 있는 시집 『나선계단과 기타 시편들』의 11편의 연작시 「젊었을 때와 늙었을 때의 여자」("A Woman Young and Old", 1927)는 예이츠가 "작은 기계적인 노래들"(little mechanical songs)이라 부른 시들로서, 연작시 「미친 제인」("Crazy Jane")이 들어 있는 『어쩌면 노랫말로』와 이에 대응하는 삭발수도승 리브(Ribh)의 「초자연적인 노래들」("Supernatural Songs",

X. 만 남

정영희

늙은 나이를 가면극 배우의
외투와 두건으로 잠시 숨긴 채,
우리는 서로가 사랑하는 것을 증오하며
얼굴을 맞대고 서 있었지요.
그는 '내가 그런 이들을 사귄 것은
별로 좋은 징조가 아니오'라고 말했지요.
나는 말했지요. '다른 사람들일랑 실컷 뽐내라고 내버려 두세요.
하지만 당신은 절대로, 이를테면 소싯적 내 애인은
이런 사람이야 하며 뽐내지 말아요.
차라리 나는 그런 인간 제일
증오한다고 말해요.'

1935), 그리고 「자그만 숲 셋」("The Three Bushes")들과 더불어 예이츠의 가볍고 짧고 간결한 서정시들이다. 예이츠는 그의 강력하고 서사적이며 비의적인 시들과 대립항을 이루는 이 연작시로써, 국가를 순결한 여인으로 상징한 초기 시와 대조되는, 거칠게 성적인 여인상을 만들어, 이율배반적인 시관의 한 축을 삼았다고 볼 수 있다.

「젊었을 때와 늙었을 때의 남자」와 「젊었을 때와 늙었을 때의 여자」는 늙은 남녀가 각각 성적인 삶의 과정에 대해 회고하는 한 쌍의 연작시라고 할 수 있다. 이 노래들을 몸이 아플 때 쓰기 시작한 예이츠는 신성모독이라 할 만큼 성을 종교화(신성화)시키고 종교를 육화시키며, 육체의 영혼성을 주장함으로써 육체와 정신의 이분법을 벗어나 둘을 하나로 합치려 하였다. 이 한 쌍의 연작시들은 초기시의 비현실적인 이상과 추상적인 욕망의 반대항이라 할, 「미친 제인」("Crazy Jane")의 시들과 「미친 탐」("Lunatic Tom")의 시들과 함께 인간 욕망의 비천한 육체성을 주장하고 신성화한다.

평판이 나쁜 남자와 사귀며 법, 논리, 종교적 죄의식, 도덕 영혼과 내세에 대한 생각을 초월한, 나름의 성적 철학을 지닌 한 여자가 이제 늙어 과거의 애인을 만난다. 남자는, 연작시 「젊었을 때와 늙었을 때의 남자」의 「그의 추억들」("His Memories")에서 패리스(Paris)가 헬렌(Helen)의 열정을 추억하며 사는 것처럼, 옛사랑의 추억으로 사나 여자는 지난 사랑의 추억에 젖어 살기를 거부한다. 둘은 서로를 증오하며 쳐다본다. 그녀는 과거의 추억보다 순간순간에 집중하며 현재를 충실히 살겠다는 것이다. 증오는 무모와 더불어 예이츠에게서 사랑만큼이나 강렬하고 순수하며 귀족적인 감정으로 중산층의 소심과 대립되는 고귀한 감정이다. 도덕의 허위성을 거부하며 육체적 욕구에 충실했던 여자는 무모하리만치 순간을 산 여자답게 젊음과 사랑의 추억을 거부하고 마치 예이츠 자신처럼 육체가 늙는 데 저항하고 분노하면서, 성의 영혼성과 영혼의 성적인 면을 확신하는 점에서 '미친 제인'을 능가하는, 영혼조건에 대한 사색을 보여준다.

위니프레드 프래저와 도로시 패제트
(출처: Micheál Mac Liammóir and Eavan Boland. *W. B. Yeats*. Thames and Hudson. 1998. p. 56)

XI. FROM THE 'ANTIGONE'

Overcome — O bitter sweetness,
Inhabitant of the soft cheek of a girl —
The rich man and his affairs,
The fat flocks and the fields' fatness,
Mariners, rough harvesters;
Overcome gods upon Parnassus;

Overcome the Empyrean; hurl
Heaven and Earth out of their places,
That in the same calamity
Brother and brother, friend and friend,
Family and family,
City and city may contend,
By that great glory driven wild.

Pray I will and sing I must,
And yet I weep — Oedipus' child
Descends into the loveless dust.

XI. 『안티고네』 중에서

정영희

오 소녀의 부드러운 볼에 깃든
쓰디쓴 달콤한 사랑이여,
물리쳐라, 저 돈 많은 사람과 그의 업무,
살찐 양떼와 비옥한 들판,
뱃사람들과 고된 추숫꾼들의 (꿈)을.
파르나소스 산 위의 신들을 물리쳐라.

천상을 물리쳐라. 하늘과
땅을 제자리로부터 집어 던져라.
바로 그 같은 비운의 사랑 때문에
저 위대한 사랑의 영광에 눈멀어,
형제와 형제끼리, 친구와 친구끼리,
가문과 가문끼리,
도시와 도시끼리 싸움을 벌이나니.

내 기도하고 노래하나
여전히 흐르는 눈물. 아! 오이디푸스의 아이가
무정한 흙 속으로 들어가는구나.

《해설》

「『안티고네』 중에서」("From the 'Antigone'")는 연작시 「젊었을 때와 늙었을 때의 여자」("A Woman Young and Old")의 마지막 노래이자 시집 『나선계단』의 마지막 시이다. 짝시라 할 수 있는 「젊었을 때와 늙었을 때의 남자」("A Man Young and Old")의 마지막 노래 「『콜로누스의 오이디푸스』 중에서」("From the '*Oedipus at Colonus*'")가 오이디푸스 왕에 대한 것이듯 「젊었을 때와 늙었을 때의 여자」의 마지막 시는 안티고네에 대한 것이다. 소포클레스의 3부작 비극, 즉 제1부 『오이디푸스 왕』(*Oedipus the King*)과, 제2부 『콜로누스의 오이디푸스』(*Oedipus at Colonus*), 제3부 『안티고네』(*Antigone*) 가운데 앞의 두 비극을 번안한 예이츠는, 1927년 9월 12일 애비극장에서 『콜로누스의 오이디푸스』가 상연된 후 3일째 날 이 시의 초고를 써서 파운드의 수정을 받았다. 「『콜로누스의 오이디푸스』 중에서」의 합창이 "이 세상에 태어나지 않았던 것이 제일 낫다"(never to have lived is best)며 오이디푸스 왕에게 인내심과 망각과 삶에 대한 평안한 체념을 요구하는 반면에 「『안티고네』 중에서」의 합창은 안티고네의 죽음에 분노하며 모든 질서의 파괴를 요구한다.

소포클레스의 『안티고네』[1]에서 노인들의 합창으로 나오는 이 노래

1) 소포클레스의 작품 『안티고네』(BC 441)는 오이디푸스 왕의 딸 안티고네가 반역자의 시체는 묻어서는 안 된다는 국법을 어기고 오빠의 시신을 거두기 위해 사랑을 버리고 죽음까지 마다않는다는 이야기로, 국가의 법과 개인의 양심의 갈등을 주제로 한다. 소포클레스의 삼부작 비극 오이디푸스 왕의 이야기는 인간의 자만과 신의 장난이 빚어낸 운명의 비극이다. 오이디푸스 왕은 테베의 왕 라이우스(Laius)를 죽이고 왕비 이오카스테와 결혼했는데 그가 아버지를 죽이고 어머니와 결혼했음을 알고는 자신의 눈을 찔러 멀게 하고 테베를 떠나 방랑했다. 오이디푸스와 그의 어머니 사이에는 아들 둘, 딸 둘이 있었는데 어머니가 자살한 후 딸 안티고네는 여동생 이스메네(Ismene)와 함께 아버지가 아테네 근처에서 고요히 죽을 때까지 눈먼 아버지의 길 안내자가 되었다. 아버지가 죽은 후 테베로 다시 돌아온 안티고네와 여동생은 왕위를 다투는 두 남자 형제 에테오클레스(Eteocles)와 폴리네이케스(Polynices)를 화해시키려고 했지만, 먼저 테베 왕이 되었던 에테오클레스는 테베를 공격해 온 폴리네이케스와 싸우다 모두 죽고 외삼촌

는, 안티고네의 약혼자 하이몬이 아버지 크레옹 왕에게 국법을 어긴 그녀를 처형하지 말아 달라 간청하나 거절당하고 분노와 절망으로 달려 나간 후 나오는, 사랑의 신 에로스에 바치는 송시(頌詩)이다. 이 합창은 노인들의 지혜를 빌어 역사적으로 사랑 때문에 형제와 친구와 가문이 서로 싸우고 반목과 살인을 일으켰음을 말하며 사랑의 파괴력을 경고하고, 하이몬과 아버지의 반목과 안티고네의 처형에 대한 슬픔을 노래한다.

이 시의 제 1연과 2연에서, 예이츠는 인간은 물론 불멸의 신마저도 정복하는 소포클레스 원작에서의 사랑의 파괴력에 대한 경고의 노래를, 모든 것을 극복하는 사랑의 위대함에 대한 격렬한 찬양의 노래로 바꾸었다. 제3연에서는 국법을 어기는 안티고네를 경계하면서도 애도하는 원작의 내용을, 사랑의 위대함을 노래하고 폴리네이케스에 대한 헌신 때문에 죽는 안티고네를 위해 기도하는 시인의 역할과 이루어지지 못하는 사랑의 운명에 대한 슬픔으로 바꾸었다.

이 시는 소포클레스의 원작처럼 사랑에게 직접 말하는 형식으로 되어 있다. 쓰디쓴 달콤함이란 모순어법(oxymoron)은 고통과 기쁨을 동시에 주는 사랑의 특성을 가리킨다. 제1연의 부자, 추숫꾼과 뱃사람들, 신은 각각 부, '밤의 휴식'(nights repose), 인간에게 어떤 운명을 갖다 줄지를 꿈꾸는데 이들의 꿈은 소녀의 볼에 깃든 사랑의 깨어있음과 대조되어, 위대한 사랑의 열정이 이들의 꿈을 능가함을 말해 준다. 제1연 6행의 운 (rhyme)은 abcacd이다.

bdefefg의 운으로 된 제2연 7행도 제1연처럼 격렬한 흥분과 도발적인

크레온(Creon)이 왕이 되었다. 크레온은 에테오클레스의 장례식은 성대히 치르지만, 폴리네이케스는 반역자라 선포하고 그의 시체를 짐승의 밥이 되게 들에 내다 버렸다. 크레온이 옳지 않다고 확신한 안티고네는 폴리네이케스의 시체를 몰래 묻었고 이 때문에 생매장당하는 처형령을 받고 갇힌 지하 감옥에서 목을 매어 자살했다. 그녀를 사랑했던 크레온의 아들 하이몬(Haemon)도 그녀의 무덤 앞에서 아버지를 죽이고 스스로 목숨을 끊었고 크레온의 아내 에우리디케(Eurydice)도 자살했다.

벤불벤 산을 배경으로 한 슬라이고 지방의 로제즈 포인트 갑(岬)
(출처: Micheál Mac Liammóir and Eavan Boland. *W. B. Yeats*. Thames and Hudson. 1998. p. 33)

격정을 불러일으킨다. 안티고네를 오이디푸스의 아이라고 부름으로써 예이츠는 오이디푸스와 어머니 이오카스테 사이의 사랑의 고통, 딸들의 오이디푸스에 대한 지극한 효성을 일깨운다. 두 연은 위대한 사랑의 영광스러운 감정으로 독자를 사납게 몰아붙인다.

수사적인 제 1, 2연과 달리 hgh의 운으로 된 3행 3연은 간결하고 엄숙한 결론부로서, 위대한 사랑의 강력한 힘을 축복한 후 인간의 고통에 대한 슬픔을 온건하게 표현한다. 고대 그리스 제의극에서 합장단의 역할이었던 기원, 칭송, 위안을 온전히 다하는 시구로서 도덕적 의지를 보이며 시 전체를 조망한다.

참고문헌

이기영. 『한국불교연구』. 서울: 한국불교연구원출판부, 1982.

이세순. 「윌리엄 버틀러 예이츠의 시 연구: 자아완성과 실체추구」 (박사학위논문). 서울: 중앙대학교, 1987.

이창배. 『이창배 전집 12: W. B. 예이츠 시연구』. 서울: 동국대학교출판부, 2002.

해주스님. 『화엄의 세계』. 서울: 민족사, 1998.

허현숙. 「신화에서 역사로: 예이츠와 이반 볼란드 시에서의 여성」. 『한국예이츠저널』 22권. (2004년 겨울): 143-163쪽.

Albright, Daniel. Ed. *W. B. Yeats: The Poems*. London: J. M. Dent & Sons Ltd., 1990.

Bornstein, George. "Yeats and the Greater Romantic Lyrics." Critical Essays on W. B. Yeats. Ed. Richard J. Finneran. Boston: G. K. Hall & Co., 1986.

Cowell, Raymond. *Literature in Perspective: W. B. Yeats*. London: Evans Brothers Limited, 1972.

Ellmann, Richard. *The Identity of Yeats*. Oxford UP, 1968.

Harris, Daniel A. *Yeats: Coole Park and Ballylee*. Baltimore and London: The Johns Hopkins UP, 1974.

Henn, T. R. *The Lonely Tower: Studies in the Poetry of W. B.*

Yeats. London and New York: Methuen & Co. Ltd., 1979.

Jeffares, A. Norman. *A New Commentary on The Poems of W. B. Yeats*. London and Basingstoke: Macmillan, 1984.

Kermode, Frank. *Romantic Image*. Glasgow: William Collins Sons and Co., Ltd., 1976.

North, Michael. *Political Aesthetics of Yeats, Eliot, and Pound*. Cambridge UP, 1992.

O'Donnell, J. P. *Sailing to Byzantium: A Study in the Development of the Later Style and Symbolism in the Poetry of William Butler Yeats*. Cambridge: Harvard UP, 1939.

Rajan, Balachandra. *W. B. Yeats: A Critical Introduction*. London: Hutchinson UP, 1972.

Stock, A. G. *W. B. Yeats: His Poetry and Thought*. Cambridge: Cambridge UP, 1961.

Tindall, William York. *W. B. Yeats: Columbia Essays on Modern Writers*. No. 15. New York & London: Columbia UP, 1966.

Unterecker, John. *Reader's Guide to William Butler Yeats*. Farrar Straus & Giroux, 2000.

Whitaker, Thomas R. *Swan and Shadow: Yeats's Dialogue with History*. The U of North Carolina P., 1964.

Yeats, W. B. *Autobiographies*. London: Macmillan, 1970.

__________. *A Vision*. New York: Collier Books, 1965.

__________. *A Vision*. New York: Macmillan, 1965.

__________. *Essays and Introductions*. London: Macmillan, 1961.

__________. *Mythologies*. London: Macmillan, 1962.

__________. *The Collected Poems of W. B. Yeats*. London: Macmillan, 1977.